Bei der Gestaltung des Covers verwendete PC-Programme: Gimp, Logomaker und Perfect Effects 9

Herstellung und Verlag:
BoD – Books on Demand, Norderstedt
ISBN 978-3-7386-2613-1

Widmung den im Namen von Glauben an Gott oder Götter, Jenseits, Wiedergeburt,... (selbst-)gemordeten und gequälten Soldaten, "Hexen", Schreiberlingen, Wissenschaftlern, Naturmenschen, Frauen, Kindern,... und Danksagung an alle die vielen Leute, deren Probleme mich führten.

Vom Kulturbanausen, Minusrekordler und <u>Nichtskönner</u>

Fehler machen kann jedeR, daraus lernen nicht.
(Nicht jeder Verbrecher ist kurierbar, nicht jedes Verbrechen kann man wieder gut machen)

Gleich die erste FRAGE:

WÜRDEST DU, WENN DIR AN DIR ODER ANDEREN FEHLER AUFFALLEN, DIE DIR UND/ODER ANDEREN MEHR SCHADEN ALS NÜTZEN, DIESE FEHLER BEHEBEN?
(Bin ich ein Narr, weil ich das mehrmals tat??? Immerhin habe ich so festgestellt, dass die wenigsten Leute (oder keine) zu Recht glauben, dass sie so was wie "BÖSE" sind. Das von den bösen Leuten zu glauben ist Folge und Werkzeug, die Menschen zu isolieren und leichter ausnutzen zu können.)

Hier,- gleich nach der Einleitung folgt das lockere "nullte" Kapitel. Wer für Veränderung und andere Perspektiven bereit ist, soll dieses als Bedenkzeit sehen. Erfüllbare (erscheinende?) Angebote von Freiheit, Frieden,... sind für viele verführerisch. Doch ist man damit eine Bedrohung für Angstmacher und (damit) Mächtige. Daher werde ich wohl von diesen und ihren Gefolgsleutchens verteufelt. Wuuuuaaahhaaahhaaaaaa...!!! :D
Ach, UND der Umstand, dass ihr in Ruhe gelassen werden wollt, bloß einer Arbeit nachgehen, Kinder groß ziehen, Fernsehen, ein "bisschen" Luxus,... genau DIESEN Umstand nutzen die Mächtigeren, Reicheren, Berechnenderen. Um euch für immer WENIGER Lohn immer MEHR Eurer Arbeit und Eurer anderen Ressourcen abnehmen zu können. So werden sie mächtig und bleiben in ihren Positionen, durch Deine/Eure Schwäche.
Wenn das SYSTEM wirklich demokratisch, wirklich christlich,... wäre, wäre es gerechter und schon Armut, aber auch Krieg, Terror,... wäre fast unmöglich. Verdrängt das nicht länger! Ach, nochmal ach,- die Natur nimmt auch einen gewissen Schaden dabei. Und, oh,- wir haben nur EINE Natur und sie ist nicht nur Feind, sondern Quelle von Nahrung, Schönheit, Wissen, Baumaterial, Zuflucht, Neuem,...

UND, bevor ein anderer Eindruck entsteht: Die Richter, Polizisten, Politiker, Lehrer, Priester,... in der Gesellschaft meinen es meist nicht böse. Sie bekommen es nur nicht besser hin. Denn, gegen das SYSTEM anzukommen heißt, wir müssen erstmal unser Bild, unsere Angst von/vor dem SYSTEM in unserem Kopf bearbeiten. Alles, was ich schreibe, ist bloß ein (scheinbar?) SINNvoller Vorschlag. Das klingt natürlich nicht so markig, wie: "Die Wahrheit von allem, jederzeit, steht in diesem Buch!", ist jedoch näher dran, an einer Wahrheit, mit der man arbeiten kann, jetzt, hier im Jahr 2015.

Wir betrügen uns selbst. Belügen uns, machen wider besseres Wissen Falsches und lassen Richtiges. Ohne Paranioa zu erzeugen: Wie sollt ihr dann mir trauen??? Nach dem ihr geprüft habt, ob meine Wahrhaftigkeit nahe an der Wahrheit ist oder nicht, vielleicht dann...

Nicht der Mensch, jeder mögliche Staat, die ehrliche Religion,... ist der Feind, sondern die Dummheit.
Meist ist der Mensch nicht dumm, nur faul. Und das kann dumm sein. Genauso bin ich nicht für Destruktivität ohne guten Sinn, ich bin "nur" FÜR die Menschen, die in fehlerhaften Systemen zum "böses"-tun gedrängt werden.

Merke: Das hier vorgestellte Konzept stellt eine heilsame Ergänzung zum weiter, jedoch gebändigt, zu entwickelnden Expansions-Kriegs-Ausbeutungs-... Prinzip dar.
Diskussionen sollen fortan unter guten Menschen nicht mehr dem Weiterreichen von Arbeit an die Unterlegenen der Debatte dienen. Nein, es soll eine Erkenntnis gesucht werden, die etwas darstellt, das möglichst ALLE als (eine Art) Wahrheit akzeptieren können. Dumme-Kinder-Spiele, wie Banden, ob Religionen, Geheimdienste, Konzerne,... sollen nicht mehr blind auf das Einhalten von oftmals unkontrollierbaren Regeln und anderen Folgen... konditionieren. Genauso sollen sie nur mit Distanz betrachtet

werden und nicht tragende Rollen für Außenstehende zu spielen beginnen. Wehret schon den Anfängen. Das sage ich etwas spät, denn Religion, Staat,... in ihren negativen Ausprägungen gibt es schon eine Weile. Sicher, diese Einrichtungen haben auch gute Seiten. Doch hauptsächlich für Dissoziale, Dumme, Schwache, Dreiste,... und/oder Feige.

Die Mehrheit einer Bevölkerung irrt seltener, als dies Einzelne tun. Wenn sie sich einmal irrt, ist es dafür manchmal fataler.

> Organisation, Reflektion, Information. Natürlich sind Medien alles, was Informiert ist und wird UND alles, was Information ist und wird. Information: In eine Form bringen, gebracht sein/werden,.... Und, ja, Medien können in Medien enthalten sein. "The medium is the message" (Zitat aus einem Buch von Marshall McLuhan mit dem Titel "*Understanding Media: The Extensions of Man*") *AND the message (itself) IS the medium.* Wie es so oft geschieht, könnte dieses Zitat durch einen sogenannten Zufall so treffend geworden sein, forscht IHR mal nach.

Einleitung:

In diesem Buch versuche ich, der Autor, wahrhaftig zu sein. Was mir (fast?) immer gelingt. Ich bin nicht gegen Menschen, sondern gegen manche ihrer Handlungen oder/und Unterlassungen. Zudem benutze ich im Text begründet eine subjektive Sprache. Denn die Situation IST emotional behaftet und eine objektive Vorgehensweise würde zu einem (viel zu) langen Buch führen, zudem zu harmlos erscheinen. Darin stände dann zwar alles "ganz genau", doch "menschlicheres" Denken zu erlernen wäre fast überflüssig, genauer: Der falsche Eindruck, man müsse nichts tun, würde entstehen. Das bestehende System, es läuft und funktioniert überwiegend, das gebe ich zu. Doch auch nicht ohne Anpassungen. Den meisten und immer mehr von uns/euch nutzt das jedoch wenig und immer weniger. Muss sich eine Situation erst zur Qual steigern? Muss dann die Folge Gewalt sein? Keine Angst, von mir ist nur verbal Gewalt zu erwarten, wenn ich mich nicht in die Enge gedrängt vorkomme. Frage: Lässt sich nicht eine Alternative finden, die meinetwegen etwas sinnvolleren, vorübergehenden Fleiß und klareres Verständnis erfordert? Hier biete ich EINEN der möglichen Wege an. Einen vielseitigen. Wenn ihr denken solltet, dies wäre wie eine Sekte oder Religion, muss ich, denn das ist meist eine Eigenschaft der Wahrheit, die ich zu kennen glaube, sagen: Ein wenig, teilweise, und/oder derzeit,... schon. Doch die Folge dieser schwammig erscheinenden Aussage:
Du findest bei "UNS" <u>nicht automatisch</u>, was Du gesucht hast. Da "WIR" nicht organisiert, also nicht als Gruppe im herkömmlichen Sinne vorhanden sind UND da wir Dinge, Aussagen, Erkenntnisse,... die wir gerade nicht bestätigen können auch in der Schwebe halten. Das ist Absicht!!! Du bist allein und sollst Dich nicht ausruhen, wenn das nicht angebracht ist, denn so kann sich eine ungewollte (Gruppen-)Dynamik entwickeln. Klüngel, allzu einfache Antworten,... ist/sind nicht gewollt. Freundschaften, ok, sogar

schön. Aber dann ohne Verschwörerei, AnführerInnen, sonstige unvorteilhafte, ungerechte,... Hierarchien und ähnliches. Jeder soll sich, durch vorherige Simulation der Welt und damit vieler möglicher Situationen gewappnet, in möglichst viele Millieus einfinden lernen. Denn: Sich selbst soll man innerlich organisieren, darin Stärke finden, auf Vereinfachung so weit es geht verzichten. Man soll zudem bewußt UNUMKEHRBARE Situationen meiden, dazu zählt Mord, Folter, totaler Wahnsinn,... "WIR" sind MITTLER zwischen den gesellschaftlichen "Inertialsystemen". Wir schlichten, vermeiden Konflikte,... Wer Anderen sinnlos schadet, schließt sich aus dem Zustand, den unsere Techniken erzeugen weitestgehend aus (es sei denn er kann sich selbst sehr gut betrügen!).

Etwaige tiefere Erkenntnisse und Einsichten erfolgen aufgrund der in euch bereits vorhandenen potentiellen Gedanken. Eine im eigentlichen Sinne "neue Erkenntnis" wird nicht gefordert, sondern die Erweiterung um möglichst viele Weltbilder, die ihr Beispielsweise von Anderen erlernen KÖNNTET. Diese Formulierungen zeigen, denn sie sind nicht nur Geschwafel folgendes: Quasi NICHTS ist simpel (vorsicht, mindestens doppeldeutig!!!). Oder warum denkt ihr, leben so viele Menschen selbst in "Demokratien" in relativer Armut, wo sie doch mit zu bestimmen vorgeben/glauben und öfters gar die Bevölkerungsmehrheit stellen?!?

Die Welt läuft auf eine Katastrophe zu!!! Wie immer. Aber sie wird ohne Handelnde auch nicht dorthin gebracht oder gerettet. Zu welcher Gruppe gesellst Du Dich? Kannst Du nicht für Dich stehen??? Die Retter. Das sind bisher höchst kompetente Retter gewesen, oft notgedrungen. Deren Ideen und Konzepte haben aber auch später häufig Probleme gemacht. Dumm gelaufen. Sei Du klüger!!! Ich werde das mit dem Retten und klug sein möglicherweise genauso versuchen! Beides.

Die Gruppe "WIR" ist eine Elite!!! Im sie-selbst-sein! Wie fast alle Anderen. Aber sie existiert (s.o.) im besten Fall gar nicht als Gruppe. Dies Buch bietet nur einen MÖGLICHEN

IMPULS, dass ihr, solltet ihr nicht weiter wissen, keine Böcke haben, nicht lernen wollen,... mögliche Alternativen zu den euch bekannten Wegen finden könntet.
Wissenschaft ist toll, doch "nichts" ohne Liebe und gesunden Menschenverstand. Was "Liebe" und "häääh?!?": "gesunder Menschenverstand" ist, legt jeder für sich fest. Das kann zu treffenden Konzepten führen oder nicht.
LOGIK rules, im Idealfall! Doch VIELES ist theoretisch logisch, man muss es auch umsetzen. Logisch!!!
Wir wollen Kritik, wenn sie begründet ist. Wir wollen Zustimmung, wenn sie begründet ist. Wir lernen dann daraus und ändern erstmal "nur UNS". Falls wir es können. Wir tun alles, GENAU DAS zu können. "WIR"=Die, die mit unserer Meinung sympathisieren. Unsere Meinung: Das Patchwork aus eklektizistisch bzw. synkretistisch zusammengestellten oder abgelehnten Meinungen Anderer. Und auch ab und an was Neues. Schließe Dich nur im Notfall einer (unkontrollierbaren?!) Gruppe an!!!
Aufzählungen sind manchmal spannend, mal langweilig, mal werden sie gar übersehen. Andere Ideen sind verlangt, bitte!
Dein Leben "vor" UNS, mit uns und "nach" UNS bestimmst Du!!!
"Wir" tragen ungern Kleidung, die von Kindern in armen Ländern gefertigt wurde, doch wenn es nicht anders geht, machen wir auch das, weil wir viel Zeit damit zubringen, diesen Zustand zu ändern. Wir leben in Tendenzen, in Zwischentönen, außer das Extreme wäre mal besser für Andere ("Andere" werden von uns GROSS geschrieben) und auch für UNS.
"Wir" essen ungern Fleisch, außer wir müssen es, dann essen wir es gerne. Verwirrend, oder?
Unser Slang, unsere Begrüßung,... ist jede mögliche und gewollte Kommunikationsform.
Im Zwischenmenschlichen schreiben wir vor, dass Schaden für uns und Andere minimiert werden sollte, nicht muss. Und, dass Glück wichtig ist, wenn IHR das so wollt. Etc., etc.,...
Es gibt so viele Wege, sei auf der Hut oder auf Mütze oder...

Sex ist wichtig, wenn IHR das wollt.
Dein Umfeld bestimmst im besten Falle DU. Dabei werden wir Dich unterstützen, falls Du das möchtest und WIR das können.
DU MUSST DIES BUCH LESEN, UM ES GELESEN ZU HABEN. Logisch?
Zweifele, doch verzweifele nicht. Außer Du willst das anders.
NICHTS ist unmöglich. Oder?!?
Liest Du etwa gerade in diesem Buch?!?
Theorie und Praxis sind meist unterschiedlich im emotionalen, kognitiven, haptischen,... Erleben. Probier mal eine Simulation, wie die hier im Buch skizzierte, beispielsweise. Gerade, falls Du ungern Scheu vor Deinen und Anderer Lebenswelten hast.
Behalte Dein Geld, wenn Du selbst es brauchst. Mach aber bitte keine UNSOZIALEN Sachen damit, außer es muss sein, um Schaden zu minimieren oder GUTES zu MAXIMIEREN. :-* .
Punkt.
Religionen, Ideologien, Firmen,... sind auch mindestens manchmal teils sogenannten Sekten ähnlich. WIR daher wohl auch :(. Oje!!!
Die VIELEN Meinungen und meine Relativiererei mögen nerven, sind vielleicht anstrengend, sollen Dich aber nicht allzu sehr verunsichern. Falls es Dich irritiert: Lass es ne Weile sein, lies ein anderes Buch, kauf Dir einen Apfel,... tue was harmloses, was schönes, was originelles,... . Nimm Dir Deine Zeit, wenn Du kannst. Such Dir im Notfall Hilfe, doch besser bei Leuten, die nicht zu viel Druck machen,... , außer... oder, oder, oder,...
Das Leben KANN auch heutzutage schön sein. Auch oder vor allem dauerhaft OHNE DROGEN, GEWALT, ARMUT,... aber von wem sollen wir besser lernen als von Gestrauchelten, Gefallenen,... UND "Gewinnern",... oder denen, die BEIDES kennen und sich in diesem RAUM bewegen lernen?!?
Bla-bla-bla...

Die Frustrierteren unter den Weltverbesserern mögen teils meinen, der Zusammenbruch der Wirtschaft, ein Atomkrieg,... wären heilsam. Was ich hier schildere, geht vom Gegenteil aus. Gerade gerecht verteilter Wohlstand, gleiches und gerechtes Recht, Abkehr von Angst,... . All dies schafft eine Basis für Zufriedenheit und Sicherheit, würde Überbevölkerung reduzieren, da so viele Kinder nicht für die Versorgung ihrer Eltern, Krieg, Kulturglaube,... oder aus Langeweile(?) gezeugt würden. Alles ohne Krieg, Mord,... . Frauen, die Karriere machen wollen, hätten auch noch weniger Kinder.
Wäre das zu wenig reizvoll, Frieden, Eintracht,... zumindest eine starke Tendenz dahingehend?!?
Armut, Gewalt, Terror, Angst, Katastrophen,... führen zu "Klammern" an allem, das Sicherheit bieten SOLL. Bisher war das Kontrolle, Glaube, Hoffnung, Strenge, Angst, Versicherungen, Heilsversprechen, Untergangsszenarien,... . Das mag als Methode funktionieren, jedoch führt das dadurch erzeugte Wachstum, wiederum die Angst,... ebenfalls irgendwann zu Problemen. Sobald Technologien zum Reisen in den Dimensionen (Raum, "Zeit",...) zur Verfügung stehen, kann man wieder Not erzeugen (die erfinderisch macht), falls der Mensch dann noch existiert, ich meine so, wie er derzeit ist. Hätten die Menschen wirklich eine unverletzliche Würde, würden sie wirklich gleich behandelt,... ohne Grenzen von Staaten, ohne Vererben von allzu viel Besitz,... gäbe es weniger Unrecht, kaum Flüchtlinge, keine Kriege, keinen Hunger, keine Tierquälerei, weniger Ausbeutung und Ausbeuter,... mehr Natur, mehr Toleranz,... (Siehe: Kapitel 5) UND endlich eine sinnvolle KULTUR.

Glaube, woran auch immer, der von IRGENDWEM zur Kontrolle über Andere benutzt wird, macht in der Regel unter Anderem vor anderen Glaubenssystemen Angst. Stellt diese eher als schlechter dar. Verglichen mit dem System, an das Du und vielleicht er glauben, wird dann das Andere verteufelt. WARUM??? Weil der Priester, der Autor (ich?), der Minister, der Anwalt, der Arzt, der Pate,... "er",... sonst seine Macht über Dich verliert, wenn Du "DEINE" Speise,- Hygiene,- Kleidungs,- Gebets,-... Vorschriften als recht willkürlichen Mummenschanz erkennen würdest. Oder wenn Du das "Andere" teils besser findest und die "Überzeugung" wechselst. Er verliert so Macht über Dich. Du zahlst vielleicht dann Anderen Staaten Steuern, stärkst feindliche Armeen,... das wäre dem Priester, dem Präsidenten, dem Bänker,... nicht recht. Wie "schlimm" wäre es nämlich für diese Leute, wenn Du Dich, möglicherweise durch ein eigenes, selbst erarbeitetes System, fast gänzlich **frei** machen würdest??? Dies Buch lässt Dich, wenn Du Dich ändern willst eine, Deine "eigene" Religion, Deinen "eigenen" Staat,... errichten. Geh über die Schwelle, wenn Du willst. Du wirst es schwer finden, denn die Angst wächst, während Du der Schwelle näher kommst. Und dadurch wird es schwerer, die Schwelle zu überwinden. Religiöse Menschen, die hinter allem einen Plan, eine Prüfung verMUTen. Die demütig gemacht wurden, die ihren Stolz durch Demütigung verloren haben, die sie sich selbst zufügen, diese Leute meide. Diese Menschen, darunter auch Demokratie-Gläubige (kein derzeitiger Staat ist wirklich demokratisch), Kommunismus-Gläubige (...),... sollen sich ein eigenes, Andere nicht nervendes Weltbild aufbauen. Sie sollen sich und teils Dich dadurch, dass sie immer besser werden, wirklich besser, aus der Angst befreien. Später können sie ihre eigene Universität, ihren eigenen Staat, eine Partei, oder zwei,... gründen. Familie leben oder, oder, oder, und, und, und...

Seltsam, dass alles Sinn ergibt, wenn man das Überirdische zu 99,9% weglässt. Als wäre an der Wahrheit der Priester, "Wahr"-sager, Parapsychologen, Verschwörungs- theoretiker,... kaum etwas dran. Selbst das gute alte Allmachtsparadoxon tritt nur in Kraft, WENN man von der Existenz eines allmächtigen Wesens ausgeht. OHNE solche Ideen, ohne solche Wesen, ist da gar nichts paradox. Auch andere Paradoxien sind häufig nicht realistisch denkbar, nicht realisierbar, teils gar einfach eine Form von Lüge meist Folge fehlerhafter, zu einfacher Formulierung,... Die Leute sind nur Höhlenmenschen und Kinder, aber getriebene, teils gefährliche, faule, dumme,... UND sie fürchten sich davor, das zu erkennen.

> Armut, materielle, intellektuelle,... ist zu 99% (ungefähr, eher vielleicht gar 99,9%) unnötig. Sie wird erzeugt. Sie ist Basis für effiziente und ungerechte Unterdrückung, Krankheit, Hunger,... der Armen, Machtlosen, Doofen. Der Zweck der Armut ist es, die Armen,... als billige Arbeiter UND deren Land als billige Rohstoffquelle,... zu bekommen. Denn, wer nicht viel hat, kann genötigt werden, das, was er hat, günstiger zu verkaufen. Dies ist gegen die Würde des Menschen gerichtet. Die naturzerstörenden Leute, die Armuterzeuger, die ohne-Gegenwert-zu-schaffen-Gelddrucker, die an der Börse spekulierenden, die Waffenverkäufer, diejenigen, welche durch Glaube Andere dumm halten,... all diese haben an der Situation ein Interesse. Selbst die Armut in den reicheren Regionen, Ländern,... ist aus den meist gleichen Gründen gewollt. Auch, weil sie Angst erzeugt.

Erarbeitet euch nicht bloß Privilegien, sondern ebenfalls Pflichten. Das befreit. Es klingt widersprüchlich, doch probiert es aus. Klar, Arbeit kann eine Last sein. Doch wird sie geteilt, lernt man meist sich und Andere besser kennen. Gleichzeitig wird sie leichter, lehrreicher und für jeden weniger belastend, wenn man sie gut teilt. Gutes teilen mehrt das Gute, Schlechtes teilen macht das Schlechte erträglicher, wo man es abbauen sollte, nicht erdulden. Wie immer: Sollte diese Regel zu starr sein, nicht funktionieren,... suche und/oder finde andere Wege!

Klar mache ich Fehler. Bin eben ein Mensch. Doch ich lerne. PANIK!!!-Will ich nicht verbreiten!!! Also, keine PAAAANIK!!! :P

Naja, das Fenster oder die Tür für eine Rückkehr zum natürlichen Verhalten des Menschen schließt sich schon seit Jahrtausenden. Eine Rekonstruktion dieses Ur-Verhaltens fällt immer schwerer, doch Teile des ALTBEWÄHRTEN, also die Grundstrukturen und MUSTER menschlichen Verhaltens, die sich-wiederholenden nämlich, sollten möglichst viele Leute draufhaben. Wie auch den mündigen Gebrauch von Medien, von allem, was vewertbare INFORMATION trägt, um Angst/Lust zu machen, Bewußtsein zu teilen, Bewußtheit zu schaffen, zu SELEKTIEREN,... Und das geschieht irrerweise manches, häufige Mal, ohne dass der Künstler, der Journalist,... selbst weiß, was er tut!!! "Wir" produzieren die Angst, die uns zu "RÄUBERN" macht, selbst. Filme mit Gewalt, Spiele mit Horror, Bücher über Mord, Waffen für immer "bessere" Kriege. So wird eine NOT geschaffen, die dann wirklich GRUND für Angst liefert. Was mündig ist, definiere nicht ich. Mündiges Verhalten führt zum Abbau unnötiger Angst und zum Aufbau von Selbst-Bewußtsein,... . Zufriedenheit kann hier ausgerechnet (!), wenn die Position der Zufriedenen eine ungesicherte ist, zum Nachteil werden. Die Gierigen, Ängstlichen,... raffen alles, was sie raffen können. Dabei rauben sie es den weniger hektischen, unvorbereiteten, zufriedenen,... Leutchens.

"Witzig" ist zudem, dass vieles, was die Kultur bereithält, einerseits Bereicherung, andererseits Belastung bringt. Höflichkeit, Etikette, Verhaltens-Korsette, Nachrichten, die Informieren aber nichts lehrreiches bieten,... prüfen nur auf Willensstärke und Anpassungsfähigkeit und schaden dennoch immer mehr den einfacherern Leuten, Naturen. Sie haben ansonsten keinen Sinn. Natürlich bis auf Wahrung, Konservierung, Verbreitung,... eines Habitus, einer Wortwahl, die dem "Stande", der "Kaste" entspricht oder entsprechen soll. So zementiert man das Unrecht. UND das ist falsch.

> Wissen, das Du besitzt, kann anderen Macht über Dich verleihen. UND besonders derjenige, der Dir Angst vor Anderen, Dir selbst, bestimmten Gedanken, macht, will... dass Du Deine Macht über Dich vernachlässigst. Außer mir, natürlich???

Viele Berufe, Beschäftigungen,... werden, wenn man in meinen Vorschlägen Wahrheit erkennt, überflüssig. Man müsste dann als Betroffener mehr Freizeit sinnvoll füllen lernen. Nicht das Schlimmste. Schlimmer wäre es, ginge es so weiter. "Leider" müssen auch Richter, Anwälte, Polizisten, Priester, Forscher, Psychologen,... nicht bloß das mögliche Gute wollen, sondern auch tun. Ihre "Pflicht" zu tun, reicht nicht. Diese hat auch schon die Wehrmacht, die SS, der KGB,... tun wollen. Lernt bitte auch ihr aus euren Fehlern so, dass diese sich nicht ständig wiederholen!!!

Extreme Meinungen zu vertreten, wie "XY hat immer Recht" oder "XZ liegt immer falsch", scheint effizient, geht jedoch an der Realität oft vorbei. Das kommt teils oft heraus und torpediert jede Glaubwürdigkeit und die Motivation, zu lernen, sich konstruktiv kennenzulernen,... und ein objektiveres Weltbild und damit SINN und Sicherheiten.

"0". ...

Wie beginnt dies Kapitel eines **Buches**, welches enttäuschen soll?
Mit einem Zeichen, Worten und einer Frage,... wie vielleicht manche **dort** sehen können!
Doch, wie soll diese Frage **SINN** ergeben?
Womit beginnt man ein Buch, welches enttäuschen soll?
Erst, wenn das Wort „enttäuschen" wieder der herkömmlichen Bedeutung zugeführt wird, kommt der SINN hinein.
Ent-täuschen.
Täuschung soll vermindert werden, vielleicht teils aufgehoben!
Ent-Täuschung.
So **soll** es sein, wenn die „wahre" Welt „gut" ist.
All das setzt nämlich voraus, dass die Täuschung qualitativ und/oder quantitativ negativ sei.
Wie es sich genau zuträgt, darüber kann man ein Buch schreiben.
Dieses!

Falls etwas an, in, mit diesem Buch nicht verstanden oder als befremdlich empfunden wird, kann das verschiedene Gründe haben. Es kann mein Fehler sein, oder meine Absicht. Es kann an meiner oder Eurer fehlenden Befähigung liegen. Dies kann sprachliche Gründe haben. Es kann, und das wäre entscheidend an einem Komplex, einer Angst, einer sich daraus ergebenden Blockade liegen!!!
Denn im Grunde ist dieses Buch sehr einfach formuliert, doch die Themenauswahl kann zu emotionalen und anderen Aussetzern führen. Das ist nicht im Geringsten böse Absicht, das Gegenteil ist der Fall. Vielleicht sind manche Sätze und Thesen dieses Buches sogar allzu einfach, so dass gar nicht viel zu "kapieren" ist. Auch dies kann Verwirrung zur Folge haben... Trotz allem liegt es mir, wie gesagt, ferne, böse oder schlechte Absichten zu verfolgen. Wer im Namen dieses

Buches verbale, physische, psychische Gewalt zu unrecht und im falschen, weil zerstörerischen und dabei nicht friedlichen Umfang und Sinn ausübt, hat demnach nichts davon verstanden. Die Ausnahme wäre eine Bestätigung der Regel, dass die Ausnahme die Regel bestätigt. Denn in der Not heiligt der Zweck manchmal die Mittel. Allein, der verursachte Schaden darf **nur minimal** sein. (Fast) ALLES als Simulation betrachten zu können, kann Spielraum, ergo Freiheit schaffen und helfen den Schaden, falls er unumgänglich ist oder scheint, zu reduzieren. Der Nachteil, den möchte ich nicht verschweigen, kann eine erhöhte Distanz zur Wirklichkeit sein. Doch das passiert denen, die das Spiel **OS** (**O**perating **S**ystem: Betriebssystem) zur Realitätsflucht nutzen. So hat auch dieser Aspekt Tücken, die durch Fleiß und Stärke genauso minimiert werden können und sollten.

In der ursprünglichen Vorstellung des Menschen beginnt ALLES mit NICHTS. Daher werde ich hier erst ein NICHTS "schaffen". Indem ich versuche, zu ver-nichten, was an hinderlichen Vorstellungen vorhanden sein könnte. Danach werde ich vielleicht ETWAS schaffen, indem ich das NICHTS vernichte. All dies geschieht nicht mit böser Absicht. Und dies ist auch **nur ein Buch**. Es selbst kann nicht denken, handeln,... außer in der Vorstellung der Leser und in der Vorstellung derer, die davon "hören". **Insgeheim will ich auch nur beim Leser die Mündigkeit hervorrufen, wie Systemattribute, darunter ABC-Waffen, Monokulturen, Gentechnik, Nanotechnologie und Subventionen in der Landwirtschaft, sonstige Technik, Börse,... sie erfordern.**

Gleiche Rechte und Pflichten für alle. Gefängnis, Therapie, schlecht bezahlte Arbeit,... für die derzeitigen, nicht allgemein als solche gesehenen Verbrecher (Politiker, Priester, Bänker,...) sollten sanft einsetzen. Doch lernen sollten besagte Personen auch etwas. Nämlich, dass Schaden an der Gesellschaft, am Recht (ich meine nicht das künstliche Gesetz),... minimiert werden muss. **Ich** will ja nicht genau so unfair sein wie die somit mehrfach Erwähnten.

Da man mit diesem Götter-Kram auf der "rechten" Seite steht, macht man mit dem Ignorieren der Lehren dieses Buches "sicher" nichts falsch. (Ironisch gemeint, ohne es ins lächerliche ziehen zu wollen).

Wenn ein Mitschüler oder vielleicht der Lehrer besser im Fach Mathematik, Chemie,... ist als ich es bin, was soll ich tun? Ich würde ihn nicht anbeten. Doch so machen es manche/viele/alle Gläubige, wenn sie ihre Dämonen, Verführer, ihren Messias, ihre Prophetin, Götter,... "ehren". Ich lerne, bis ich besser oder genauso gut werde, wie der Lehrer oder Mitschüler. Für Anbetung gibt es meist keine guten Noten. Und der Lehrer verfehlt so seinen SINN und Zweck. Nur wer extrem faul oder doof ist, sollte das manchmal wirklich viel zu komplizierte Lernen lassen und was einfacheres lernen, arbeiten. Aber beten, bis auf eine gewisse Beruhigung, ein <u>manchmal</u> sinnvolles Durchhalten, hat das doch keinen positiven Effekt.
Wäre Jesus,... von den Gläubigen nicht in den göttlichen oder halbgöttlichen Status erhoben worden, hätte man ihm eher nacheifern müssen. Zum "Über"-Menschen erklärt blieb den Gläubigen der leichte Weg, ihn anzubeten. Mit manch guten und vielen schlechten Folgen. Dabei könnte man von Jesus, Buddha, Einstein,... teilweise etwas sinnvolles abgucken und sich aneignen.

Die gefährlichsten, offensichtlichen Lügen,
die dem gewöhnlichen Menschen heutzutage
von den Politikern, Geld-, Gottes-, Engels,-
Magie,- Feen,- ...- gläubigen und
anderen aufgetischt werden, werden
in diesem Buch benannt und mal
etwas intensiver beleuchtet. Die
vielen Lügen bestehen jedoch nur
aus einem Grund und dabei schon seit teilweise

sehr langer Zeit: Menschen sind
erschöpft, faul, ängstlich, ungebildet,
eingeschüchtert, manipuliert, allzu vertrauensvoll den
Falschen gegenüber. Und sie denken teils selbst,
dass sie Angst und Lust oder nur Drohung,
beziehungsweise "Werbung", damit ausreichend
beherrschen könnten.
Lernen ist gut.
Das Gelernte zu hinterfragen, ist jedoch
genauso wichtig. Denn das, was man nach dem Willen von
WEM?- lernen soll, oder aus irgendwelchen
oder auch Deinen eigenen Interessen wissen will,
kann unsere/Deine Freiheit <u>einschränken</u>, das Leben
bedrohen, mittlerweile falsch sein,... .
Auch mein Zeug kann falsch sein, nie, immer, nur manchmal
oder gerade jetzt,... so what?!?

Ich betone hier, dass ich nur Gerechtigkeit zu fördern
beabsichtige. Dass dafür wenige Menschen sehr viel
weniger schädlich für sich und/oder andere sein dürfen, als
sie es derzeit sind, und dass einige sehr viel von ihrem zu
unrecht erworbenen Besitz abgeben müssen, kann ich nicht
vermeiden. Zumindest nicht, wenn eine Gesellschaft
entstehen soll, in der nicht allzu viel Wohlstand dadurch
zerstört wird, dass Menschen und Nationen,...
gegeneinander arbeiten. UND ich tue darüber reden, damit
eine Gesellschaft schnellstmöglich zustande kommt, in der
kaum oder kein Unfriede herrscht. UND die ein
Zusammenleben ermöglicht welches möglichst konfliktfrei,
sowie gerecht abläuft. Der potentielle **allgemeine** Reichtum,
den eine intakte Natur, sinnvolle Arbeitsteilung (eine, die uns
auch spüren lässt, dass wir für die Gesellschaft nicht zu
entbehren UND wichtig sind. UND eine, die dabei auch
möglichst Spaß macht, motiviert,...), Maschinen,... bieten
müssten, muss auch bei der Masse der Menschen
ankommen. Leider muss ich gestehen, dass mein Konzept
nicht 100%ig sicher lauffähig ist. Doch Dein/Euer Wissen,

Eure Ideen, euer Wille, was Ihr habt, könnte das ermöglichen, irgendwann. BITTE, BITTE, fangt damit an. Probiert von der Frucht. Es ist nicht die zu Recht verbotene Frucht der IRREN. Es ist eine Form der Wahrheit. Holt euch die Macht über euch selbst zurück! Das gilt für viele von euch. Ihr gebt den falschen Leutchens eure Arbeit, euren Verstand, eure Hände, eure Werkzeuge und Waffen. Bedenkt diese Idee, die ich für wichtig und richtig halte.

Natur-Glaube beginnt in der Vergangenheit. Bei unseren "**wilden**" Vorfahren und in unserer eigenen Kindheit. Er bezeichnet unser Ur-Vertrauen in unsere Mutter, unseren Vater, die Natur und Umwelt,.... Dieser Glaube ist fast absolut, wenn er nie ernsthaft in Frage gestellt oder einmal solide aufgebaut wurde. Dass es uns gibt, ist der erste Beweis für seine Berechtigung. Wir sind das Zeugnis der Liebe und Güte der Umwelt und der uns mitgegebenen Stärke unserer Eltern, sie sind unsere Schöpfer. Nur wenig kann diesen Eindruck mindern, in Frage stellen. Der Natur-Glaube ist in erster Linie emotional. Wir **fühlen** uns sicher, fühlen uns geliebt,... Der Natur-Glaube kann uns kaum genommen werden, wird dies versucht, bemühen wir uns in der Regel sofort, ihn wiederherzustellen oder wir resignieren vielleicht. Ähnliches (fühlen und leben, wiederherstellen bis resignieren) tun wir bei anderem **SINN**. Doch **dieser** empfundene Glaube stellt sich selbst nur bedingt in Frage. WEIL wir uns oft nicht die Mühe machen wollen, ihn dann wieder zu heilen. UND weil wir vor einer eventuellen Ent-Täuschung Angst haben. Denn der Natur-Glaube scheint greifbar, da in uns verankert. Doch er ist launisch, unvorhersagbar, kann trügen oder durch unsere, damit verbundene Naivität ausgenutzt werden. Das **logische** (eventuell nachvollziehbare, manchmal nicht ausschließlich richtige) **Nachvollziehen** der derzeitigen Umstände und unserer eigenen Natur gehört nämlich (noch) nicht immer dazu. Die Natur, unsere Eltern,... statten uns mit diesem Ur-Vertrauen aus. Wer es verliert hat sehr schlechte Chancen, weiter zu leben, wird von ständigen Zweifeln geplagt, wird psychisch und/oder physisch krank, verliert den Lebenswillen,... oder der Zweifel geht nach außen, man kann schier an allem **verzweifeln**. Man kann ohne Vertrauen in die eigenen Qualitäten aggressiv werden. Zum Beispiel, um Andere einzuschüchtern und dadurch das Gefühl zu haben, die jeweilige Situation zu kontrollieren aber meist damit,- auf diese Weise, ohne sichere Aussicht auf realen Erfolg. Man kann jedoch auch das Bedürfnis entwickeln, sich "nützlich" zu machen, unentbehrlich,... und so Halt suchen. Andere Individuen spielen Horrorszenarien, die ihnen widerfahren könnten durch, um sich zu wappnen und Andere zu binden. Mit etwas Phantasie sind viele MODELLE denkbar. Insgesamt kann man leider immer weniger das einfache Glück ohne Gefahr geniessen. Im Verlauf des Entstehens von Reife WIRD dieses **Ur-Gefühl** nämlich heutzutage mehr als geschichtlich früher und zwangsläufig immer wieder in Frage gestellt und ausgebeutet, ausgenutzt. Durch Panikmache, Einsamkeit, Armut, Krankheit, Not, Gewalt, Alter, Mitläuferfehler,... Dieses in-Frage-stellen wird bei denen, die doch noch genügend Vertrauen aufbringen können und diese Krisen überwinden, weitergegeben, denn bei diesen bestätigt das Leben, die Liebe,... sich immer auch in ausreichendem Maße, ähnlich einer selbsterfüllenden Prophezeiung. Doch der Zweifel, das Misstrauen,... verbreiten sich konstanter. Gerade, weil die Leute in immer kleinere Gruppen, OHNE WISSEN WIE, WARUM,... und OHNE HANDWERKSZEUG um sich zu wehren, gespalten werden. Dies ist eines der Prinzipien von Auslese beim Menschen.

Aus der Enttäuschung von der Natur wurde wohl zur Entstehung der Kultur, vielleicht nur zufällig so, wie sie derzeit besteht, motiviert.

Ihr Bereich, der der Kultur, konkurriert stark mit diesem Natur-Glaube, es ist der **Kultur-Glaube**. Dieser ist nur bedingt vom Ersteren zu trennen. Da letztlich auch er natürlich ist. Natürlich aber evolutionär neuer, er dreht sich um eine/die mögliche Zukunft, seine Vertreter sind die "gebildeten **Barbaren**". Der Kultur-Glaube entstand und entsteht durch eine/die Ent-Täuschung (ähnlich aber nicht komplett gleich der, die dies Buch anfangs erzeugen soll/will, denn ich will auch vom Kultur-Glauben wenig schädliches übrig lassen), einer Enttäuschung, die der Mensch, seit er Mensch ist, gegenüber der Natur empfindet. Der Kultur-Gläubige stellt Natur leider nicht immer nur einfach in Frage. Er hasst die Natur oftmals, verachtet sie aufgrund ihrer "Mängel". Er will sie beherrschen, doch auch gleichermaßen abtöten, eindämmen. Schwache verspüren dann den Impuls zurück in den Schoß der Natur, das verlorene Vertrauen wieder erleben zu wollen. Kultur-Glaube will "alles" kontrollieren, wissen, verstehen, besitzen. Er hat ein immenses Minderwertigkeitsgefühl und ein ähnlich großes Sicherheitsbedürfnis zur folge und ist wiederum Folge derselben! Demzufolge muss er sich selbst und sein Denken, gerade wenn es unrealistisch ist, ständig beweisen. Eine Folge davon: Kultur-Glaube ist territorial. Die Wissens-/ Wissenschafts-/ Glaubens-/ Denk-/ Staats-/ ... Gebiete, die sogenannten fließend ineinander übergehenden, sich aber auch überlagernden "Kulturräume", "Kulturkreise" (unzureichende Bezeichnungen, besser wäre vielleicht Konglomerate :D),... existieren **in unserem Kopf**. Die Representanten dieser Territorien erobern "**dort**" anderer Leute Territorien, infiziert sie mit ihrem Gedankengut, "dreht sie herum". Man identifiziert sich mit manchen Wissens-, Territorial-, Besitz-, Denk-,..."Feldern", "Gebieten", lehnt andere ab, ob willig oder unwillig,... Zeichen und Symbole, Sprache,... "aktivieren" die den Kultur-Gebieten entsprechenden Gedanken in der Außen- und Innenwelt. Wir werden dadurch stark beansprucht und unfrei und bewegen uns weiter aus der Natur unserer Körper und der Natur unserer noch recht lebendigen Umwelt heraus. Dieses geschieht mittels der "Matrix", welche das Bedeutungsgewebe (bestehend aus Text, Bild, Habitus, Medikamenten, Lebensmitteln, Floskeln, Wissenschaft,

Humor, Spielzeug, Nahrung, Sitten, Sprache, Musik,...), eine Art von Gussform für den "neuen Menschen" darstellt. Das ist nur abschnittsweise schlecht. Doch es wird von denen, die über Wissen und Fähigkeiten in diesem Bereich verfügen, häufig missbraucht und das Schlechte daran wächst. Verschwörungstheorie? - Wird man noch sehen, oder eben nicht!?!

Wie konnte es dahin kommen? Einmal gerade durch den Kontrast von dem "Gefühl der Sicherheit", welches durch die Natur im Ursprung vermittelt werden sollte, bis zum Moment der negativen Ent-Täuschung. Also zur Erfahrung von Ohnmacht, also Machtlosigkeit. Das erfolgt beispielsweise, wenn wir Hilfe benötigen, und dann nicht erhalten. Und als Baby sind wir fast hilflos. Dieses Gefühl dürfen wir nicht zu oft und allzu intensiv erleben. Die Mama, der Papa, die Pfleger,... müssen sich stark bemühen, die relative Sorglosigkeit der Gebärmutter (eine andere Matrix!) fortzusetzen. Schwächen dürfen nicht zu schnell zu Zweifel führen, der Verzweiflung verursachen kann. Die Dosis macht das Gift, -etwas Zweifel ist gut, wenn wir die Krise zeitnah bewältigen. Und manche Gifte wirken teils gar als Medikament. Das baut dann sogar Vertrauen auf. Doch werden wir immer häufiger über ein gesundes, individuell unterschiedliches Maß vernachlässigt, gequält,... wer will schon schon solch feindseliger Umwelt leben? Und darum geht es, -um das "gute Leben", nicht bloß um das Überleben. Die Natur "will" nicht, dass Wesen leben, die dann nur leiden. Das, sorry Buddha, ist eher eine Weise, die zur Kultur gehört. Und damit wieder zu einem vom Menschen angewandten Prinzip aus der Beobachtung der Tiere, Pflanzen und anderer Naturerscheinungen.

Also thematisch zurück zum Kultur-Glaube: Er umfasst alles, was wir noch "neu" und "künstlich" nennen. Er ist teils gegen den Natur-Glauben UND/ODER die Natur gerichtet. Er Erschafft gerade durch Ablehnung des Natürlichen, durch das Verbieten, Verachten,... desselben Neues. Sein wichtigstes Merkmal ist jedoch, dass er zwar über

Belohnungen und Bestrafungen stattfindet, jedoch sich weniger als **erfüllend**es Gefühl manifestiert. Er zeichnet sich in erster Linie durch **Erfolg**, Macht,... versprechende Gedanken, erzeugt durch Lob und andere Belohnungen aus. Innere Zwiesprache (eine Stimme im Kopf, die wir mit Gott, uns,... verwechseln können, wenn wir nicht aufpassen), innerer Zwiespalt, Konflikt von Natur-Glaube mit dem durch Kultur-Glaube möglichen Neuen. All das ist die Folge. Dies geht so weit, dass Menschen an ihre Kultur-**Rolle** komplett glauben. Manche glauben, sie "wären" Polizisten, Politiker, Christen, Gärtner,... oder im Sonderfall Schauspieler. "Klar sind sie das! Klar bin ich das!" mag da mancher einwenden. "Reingefallen!" sage ich, denn so fangen die Probleme an. Der Staat ist eine der Manifestationen des "Glaubens" an Gott/Götter/das sogenannte Wahre/... in der Welt. Er hat aber, ohne dass er als Lebewesen existiert, "eigene" Interessen. Und das was einmal wahr war, muss es nicht bleiben.
Der Mensch wird zur "Zelle" in diesem Körper "Staat", welcher seine Untersysteme auch teils selbst Organe nennt. Der Einzelne spezialisiert sich. Er/Sie hat das gesamte Potential ("Erbgut"), doch ist gezwungen seine Interessen, sein Potential der "**größeren Sache**" zu opfern. Andauernde Erfüllung des Natur-Glaubens durch dressierten Kultur-Glaubens-Erfolg zu ersetzen, kann uns vom Leben mit der Natur zum Leben gegen die Natur bringen. Gegen die innere und äußere Natur anzugehen, kann nur sinnvoll sein, so lange es der Mehrheit auf DAUER mehr Nutzen als Schaden bringt. Schlimm wird es, wenn der Staat, die Religion (ein dem Staat verwandtes System aus dem sich Staaten (größtenteils) entwickelten), die Ideologie (ähnelt der Religion, dazu später mehr),... im Unrecht ist. Man schadet dann durch das Vorgehen gegen die Natur oft Anderen, teils **vielen** Anderen und, da man immernoch selbst Teil der Natur bleibt, schadet man sich selbst. Dass es schwer ist von den Versprechen der Kultur Abstand zu bekommen, gerade wenn man sich damit identifiziert, ist menschlich.

Dass man die eigenen Gruppen toll findet, weil Menschen sich einzureden neigen, IHRE Gruppe, ihre Freunde,... muss/müssen die Beste/n sein,... weil sie ja sonst die Anstrengung auf sich nehmen müssten zu lernen und auch ihre "Kumpane" dadurch an ihrer Loyalität zweifeln könnten, ist genauso menschlich. Drogen und andere Belohnungen, wie Anerkennung für Kultur-Ziele, helfen, als gefährliche Werkzeuge eingesetzt, die unnatürlichsten Handlungen zu begehen. Manchmal gut, meist verheerend. Die Fehler der eigenen Gruppe, Deiner oder meiner, zu übersehen, gerade DAS macht in den Augen Anderer unglaubwürdig und stärkt wiederum den Glauben der Anderen in "ihre" Gruppe. Außerdem, auch wenn wir unsere Fehler ignorieren, Verständnis für unser eigenes Fehlverhalten aufbringen, das dann überspielen,... wir bekommen das dennoch oft mit. Diese Gewissheit der eigenen Fehlerhaftigkeit macht uns zu schaffen, verführt und zu Fehlern und ist trotzdem die einzige Chance, daraus zu lernen. Die Gewissheit, dass wir in der Regel und derzeit noch schwach sind, treibt uns zu TATEN, guten und leider oft schlechten, an. Den eigenen Einsichten, die uns in Frage stellen, weichen wir anscheinend gerne aus. Doch das schwächt ebenfalls den Glauben an uns selbst. Auch das führt dazu, dass wir uns an anderer Stelle unser "Recht" unsere "Macht" beweisen "wollen". Puuh, was ist so schwer daran, die eigenen Fehler zu korrigieren???
Das Gefühl von Erfolg, auf das wir uns dressieren (lassen), welches durch Belohnung für "gutes" Denken z.B. In Schule und Beruf erzeugt wird, dem rennen wir hinterher (wenn wir nicht frustriert aufgeben müssen, weil wir zu emotional, irrational, faul,... oder zu ehrlich sind). Es erzeugt auf die Dauer **eine neue Art Mensch** und eine andere Gesellschaft. Kultur und Natur konkurrieren. Doch ist Kultur, wie gesagt, (noch?) (Teil der) Natur. Das **OS**, einmal in Gang gesetzt (in Deinem Kopf), kann die Erfolge im Bereich wissenschaftliches Naturverständnis in dauerhafte Erfüllung verwandeln. Das wäre dann der Mittelweg, der zu einem

neuen Bewusstsein aber auch, wenn zu sehr forciert, zu Wahnsinn führen kann. Das führt in der Praxis zu folgender Frage: Wie kann man den Schaden durch Neues vermindern, eliminieren und das gute Neue fördern? Meine Antwort: Durch eine **Spiel-Kultur**! Man durchlebt die Religionen, Ideologien, Rollen, Umwelten,... Anderer, bis man einen Eindruck davon hat. Bis man sie selbst "beherrscht". Man lebt zum Beispiel anfangs sein gewohntes Leben, dann irgendwann, vielleicht gleichzeitig mit Einsetzen der Pubertät, durchbricht man (die Religion, Ideologie des Anderen oder) die bisherige eigene Denkweise bewusst und beendet vielleicht dieses oft einseitige Verständnis und reist in andere Länder Städte, Millieus, oder man spielt im Exzess Rollenspiele mit Schwerpunkt auf möglichst realistische Schauspielerei verschiedenster Perspektiven. Gerade Mitspieler aus anderen Gesellschaftsformen wären interessant und vielversprechend. Wichtiges Werkzeug hierbei wäre meines Erachtens ein Regelwerk einer Rollen-Simulation. Diese liefert dieses Buch in Grundzügen gleich mit, das **OS**, das **O**perating-**S**ystem (deutsch: Betriebssystem).
Wer sich GEGEN sein besseres Wissen verhält, ist oft nicht so wahrhaftig. Er/Sie kommt eher nicht zu guten **Resultaten**. Nochmals auf den Punkt des territorialen der Kultur: Denkmäler, Monumente, Gebäude, Dämme, Luxus, Werkzeuge, Reklame, ... stehen wie Gedankengebäude, Denker, Waffensysteme, sonstige Technologie, Künste,... für eine bestimmte Kultur. Für diejenige, die sie erschuf, hervorbrachte, adaptierte, durch Arbeit besitzt... oder sonstwie eroberte. Werden diese Symbole verachtet, übertroffen,... schwächt das die Selbstwahrnehmung der "Besitzer". Es macht ihnen gar Angst. Diese Frühwarnzeichen deuten auf Machtkämpfe hin und alarmieren. Andererseits sind diese Symbole auch Antrieb, sich zu beweisen, Ansporn, neue zu erschaffen. Aber auch zu Eroberung, Krieg, Diebstahl,... kann so motiviert werden. Seht vielleicht kurz einmal nicht nur dieses Territoriale. Denn

das so zu betrachten, ist auch gegen euch verwendbar. Seht euch **als Teil der Menschheit** und tut alles für euch UND diese. Es sei denn, das schadet euch so sehr, dass ihr es aus triftigen Gründen erst mal abbrecht. Doch so schlecht ist die Welt noch nicht überall. Noch gibt es Natur, Schönheit, Gutes, Ideale,... sinnvolle Technik,... die nicht korrumpiert wurde(n). Es wird auch immer wieder Gutes neu geschaffen. Seht auch das Positive. Ohne euch immer darauf aus zu ruhen.

ES GEHT IM GRUNDE ZU 99% BEI DEN HANDLUNGEN DES MENSCHEN **UM DIE VERMEHRUNG, Auslese, Evolution, SEX**,... FRAUEN MÖGEN ZWAR "STARKE" MÄNNER, DOCH DIESE MÄNNER SOLLTEN SICH AUCH SELBST BEHERRSCHEN KÖNNEN.
MÄNNER MÖGEN FRAUEN, DIE SICHERHEIT BIETEN, DOCH ALLZU "SANFT" SOLLTEN DIESE FRAUEN NICHT SEIN (Die Faktoren "Stärke", "Sanftheit",... sind nur zwei von allen möglichen. Je nach Erziehung können sie unterschiedlichste Rollen spielen, sogar irrelevant werden). Wie gut für die VERMEHRUNG, DEN SEX ist eine weitestgehende Zerstörung des Gleichgewichtes der Natur? Die "Verweichlichung" und Prothesen, der Kultur sind genauso nicht immer von Vorteil. Die Ausbeutung von Mensch und Natur, schädigt auch das Vertrauen, die Fairness, die Solidarität,... Dann dort mit Härte, Überwachung, Entfremdung,... "gegen zu halten", schafft ein teures, lange lauffähiges System, das jedoch, das ist die Limitierung, stetigen und steigenden Rohstoffnachschub und Gelegenheit zum Wachstum verlangt. Deutlich wird das Problematische daran, wenn man den Begriff "Wachstum" einmal durch "Expansion" ersetzt. Diese ist nicht immer in ausreichendem Maße möglich.

Das OS ist das eigentliche "Buch". Es ist anpassungsfähig und liefert auch bei Parameterverschiebungen Ergebnisse. Es soll verinnerlicht werden. Dann im Bewusstsein in Gang gesetzt werden. Und es soll sich selbst enthalten! Endlos. Bummm...!?! DENN: (Fast) ALLES als Simulation betrachten zu können, kann Spielraum, ergo Freiheit schaffen und helfen den Schaden, falls er unumgänglich ist oder scheint, zu reduzieren. Zudem kann es den Gewinn maximieren. Das OS stellt das Bindeglied zwischen Theorie und Praxis dar.
Leider ist das OS anfangs, als bloßes Spiel, nur etwas für Leute mit einer gewissen Phantasie, für Rollenspieler, für Theoretiker, Stubenhocker, Nerds,... doch das KANN sich durch den Charakter als Simulation ändern. Das Lernen im Spiel KANN zum Einsatz an Schulen führen, usw. Also: Das Spiel soll eine möglichst realistische und detaillierte Metaebene über der "Realität" errichten und diese Metaebene dann zur eigenen Persönlichkeit machen. Das wäre ein Weg. Andere Wege sind denkbar. Außerdem kann und darf es Spaß machen. "Schlimm" ;) .

So weit zu einem Ausblick auf den **SINN** dieses Buches, welchen man auf die produktiven Aspekte: Freiheit, Verständnis und Glück "herunter brechen" könnte. Doch WIR **brechen** hier so ganz voreilig **nichts**. Daher ist das **OS** nur ein Hilfsmittel, eine Ergänzung zu "starren" Büchern, welche der dynamischen Realität viel weniger gerecht werden. Das sieht man an den hoffentlich aussichtslosen, brutalen aber aus pathologischer Sicht interessanten, wie das Wort "pathologisch" besagt, meist krankhaften Bemühungen mancher Glaubensrichtungen. Diese bemühen sich durch radikalen Einsatz von Angst, Terror, Gewalt, Überwachung, Belohnung, Dressur,... das natürliche dynamische Element aus ihrer Gesellschaft zu eliminieren. Wandel zu unterdrücken staut jedoch Frust, wiederum Gewalt, dadurch mehr Angst,... an. Eine explosive Mischung. Und alles im Namen eines so häufig geheuchelten "guten Willens". Das Beste, was daraus folgen kann, ist ein Ende von

evolutionärer Entwicklung für viele Bereiche solcher Gesellschaften. Wenn und sobald Evolution, Entwicklung aufhört, ist auch ein Unrechtes System stabil.
Diesbezügliche Ironie: "Da religiöse Menschen nicht von affenähnlichen Wesen abstammen mögen, können sie ja auch nicht auf affenähnlichem Stand stehenbleiben." Der Stillstand ist ja in ihren Augen gottgewollt und dann für sie gut. Auch weil das, was hier, in diesem Buche, zu Evolution der religiösen Menschen steht, (noch) Science-Fiction ist, eine Wiedervereinigung der Religion mit der Wissenschaft ist gleichsam denkbar. Da das glauben-lernen irgendwann, wenn der Mensch mehr Wahrheiten kennt, das Lernen aus Fehlern teils, gar gänzlich ablösen könnte. Man müsste nur glauben, was wahr ist. Doch wer weiß derzeit schon alles (Notwendige)? Und wer kann garantieren, dass das "absolute" Wissen gültig bleibt? Reizvoll ist diese Vorstellung dennoch und für den Menschen nur von absolutem genetisch oder technisch "eingebautem" "ALL-Wissen" übertreffbar.
Und nun ist es längst Zeit, mit dem **NICHTEN** anzufangen. Um Basis für einen konstuktiven Neuanfang in vielen Lebensbereichen für Einzelne und Gruppen zu schaffen. Klar werde ich mich damit vielleicht erstmal unbeliebt machen. Wer bekommt seinen "Boden" schon gerne, wenn auch vielleicht nur scheinbar, weil dieser sowieso bloß der Treibsand einer Lüge ist, weggezogen? Aber besser eine anspruchsvolle, konstruktive Realität als eine stabile Täuschung, die uns viele Nachteile bietet, die aber einfacher zu praktizieren ist. Da wir Verantwortung haben, gibt es im Grunde nur den anstrengenderen Weg zur Auswahl. Denn leider sind wir als **soziale** Wesen nicht wirklich frei alles zu tun, was uns gerade gefällt. Die "Täuschung" durch eine ewige Einfalt, eine ewige Dummheit, eine ewige Unwandelbarkeit,... fällt demnach fast ganz als Option aus, da nur mit SINN und ständigem Lernen ein Handeln dauerhaft konstruktiv sein kann. So lautet zumindest mein derzeitiger "Standpunkt", der sich immer mehr bestätigt, weil

er sich auch bewegen kann.
Ich persönlich hasse Kultur, Natur, Tradition, Religion, Wissenschaft,... nicht. Doch leider bin ich ihr/ihnen, so wie sie derzeit sind, auf den Leim gegangen, WEIL ich sie ernst nahm und nur Wissenschaft und Logik Andere und mich vor übermäßigen, irreversiblen Schäden abhielten. DAHER biete ich dieses Buch als Möglichkeit, in jedwede Kultur, Natur,... teils und versuchsweise eintauchen zu können. Und damit das Werkzeug, das als Vehikel für Hin- und Rückweg dienen KANN, nicht muss!?! Denn das Potential für Gutes und gutes Neues ist in der Mannigfaltigkeit der Natur und Kultur groß. Leider wird man, so man sich hinein begibt in die Wälder oder "Kulturräume", Wissenschafts-Gebiete, unter die neuen Modelle/Models, **gegen die Natur oder Kultur/-en gerichtet**, regelrecht herumgedreht, je nachdem, wo man vorher war. Das geschieht fast immer, wenn man sich von außen und von ursprünglicheren Denk-, Fühl- und Handlungsweisen in dieses relativ Neue, das System Zivilisation, hineinbewegt. UND es geschieht auch, auf dem umgekehrten Pfad.
Die übriggebliebenen Ureinwohner werden erst "entdeckt", dann geschwächt, irritiert, gedemütigt, infiziert, ihrer Naivität, ihres Stolzes beraubt, betrogen,... Der Kulturmensch besucht sie, lernt von ihnen, aus seiner begrenzt ernsthaften Sichtweise. Er behandelt sie oft, als wären sie die, die allein fremd, unnormal, fast krank, wären. Er schafft und sammelt Wissen über sie, konfrontiert sie so langsam mit seiner Denk-, Fühl- und Handlungsweise. Mit seinen so schönen, sauberen (reinen?) Handelsgütern,... Dann kommen Andere, der/die erste Kultivierte ist nur der Anfang. Die "Magie" der Ahnen, Geister,... der Natur verpufft gegenüber erlebbarer Magie von Funkgerät, Laptop, Geld,... Der Widerstand schmilzt dahin. Und damit der Stolz, die Na(t)ivität. So oft will der Mensch das, was er noch nicht hat, es übt einen großen Reiz aus, das vermeintlich Bessere. Und im Erobern ist die Kultur groß. **Mache ich hier nicht auch genau das, Enttäuschung von der Natur hervorrufen?** Teils ja!

Beurteilt es selbst, ich werde mich um Transparenz und Optionen bemühen, für mich und alle Anderen, wie die Leser. Das erfüllte Glück (das Gefühl) der Naturmenschen erzeugt im Kulturmenschen auch Neid, doch das lässt er nicht so an sich heran, gerade, weil er erlebt, wie zerbrechlich es sein kann, denn Natur, Naivität,... wird vielerorts vernichtet. Selbst an den Universitäten, in karitativen Organisationen, in Umweltschutz-Organisationen,... tragen wir das Gute und Schlechte, das ansteckende Gedankengut der Kultur mit uns. Das Verstehen-wollen anderer Kulturen/Naturen als der unseren beginnt mit dem Verstehen unserer eigenen Seele, unseres Geistes, unserer Kultur, wir sehen jedoch unsere eigenen Fehler seltener als die der Anderen UND korrigieren diese Fehler noch weitaus seltener. Hier sehen wir teils den Wald vor lauter Wolkenkratzern nicht, da Gefühle durch die modernen Kultur-Konzepte nicht mehrt immer gut zugänglich sind. Was immer wir auch an "Gutem" beabsichtigen, wenn wir lernen, für unser Kultur-System zu arbeiten, wir lernen immer auch das Schlechte mit. Und das "kontaminierte" Gedankengut verbreiten wir in der Regel sehr oft, sehr unreflektiert. Beispielsweise die Ethnologen, Soziologen, forensischen Psychologen, Kriminologen, Mediziner,... sehen das Krankhafte/Fremde/Andere beim "untersuchten Subjekt" (allein diese Bezeichnung verrät schon Entfremdung des Untersuchenden), doch die Gesellschaft, die dies Verhalten oft verursacht hat, wird als unbeeinflussbar angesehen und nicht tiefgreifend verbessert. Zumindest nicht schnell genug, nicht umfassend genug und nicht prophylaktisch genug. Die negativen Effekte von Wissenschaft sind jedoch immer auch Störungen im Fluss der natürlichen Abläufe, rufen Wandel, Gewinner und Verlierer hervor. "HYGIENE" jeder Art lässt Populationen unverhältnismäßig wachsen. Doch Krankheiten werden nur in ihrem Ausbrechen verzögert. Epidemien, Hungersnöte, Klimakatastrophen,... (vielleicht) nur vertagt. Dem Untersuchenden, Experimentierenden, Erobernden, Klügeren,... der Kultur wird, von seiner Peer-Group

Verständnis entgegen gebracht, doch von Anderen immer mal nicht. Wer sich an eine "fremde" Kultur angleicht, wird belächelt bis gefürchtet. Denn das Modell, das System (fast?) jeder Kultur, ist in sich, dadurch, dass seine Vertreter Menschen sind und oft einem SINN folgen, logisch, nachvollziehbar und teils sehr richtig. Allein, die Verdrängung, das Ignorieren,... anderer Denkmuster, die eine oft ähnliche Berechtigung haben, ist schwach vertreten. Natur- und Kultur-Systeme, welche menschenverachtend und sozial schädlich sind, verdienen angemessenen Gegendruck, jedoch muss dieser kanalisiert werden zu einer emanzipierten Stellung, einem **Spiel der Kultur-Systeme** nebeneinander, ineinander, verwebend, tanzend, auch im Zusammenspiel mit der inneren wie äußeren Natur.
In diesem Buch, zweifellos ein "Kultur-Glaubens-Erzeugnis", möchte ich diesen Druck für den Leser bei sich und Anderen erkennbar machen. Damit er/sie freier entscheiden kann. Denn ich liebe die Natur, doch kann die Vorzüge mancher kultureller Errungenschaften nicht negieren. Nochmal: Damit er/sie frei entscheiden kann, und damit der Leser/die Leserin anderen diese Freiheit verschaffen lernt. Doch dazu gehört ein Überwinden von manchmal gefährlichen oder angstmachenden Schwellen. Ein "Tanzen-lernen" auf den Gipfeln und Abgründen der Grenzen unseres eigenen Verhaltens. Und dazu wiederum gehört Mut und oder Angstfreiheit. Und das zu vermitteln müssen Gefahrenquellen glaubwürdig, plausibel und exakt markiert werden. Um dies zu bewerkstelligen benötigt man Übersicht über die Mechanismen des Fehlermachens. Über die Quellen der Fehler,... . Und all dies will dies Buch liefern. Um Übersicht zu verschaffen, beginne ich nun mit der Entwicklung, der Entknotung, der Entwirrung,... der Natur- und Kultur-Glaubens-Dogmen. Meine Methoden sollen sein Logik und Menschenkenntnis. Wir werden sehen, ob uns das gelingt. Oder auch nicht.
Mache nicht auch Du den naiveren und natürlicheren Menschen Angst mit "Coolness" (Gefühlskälte), Technik und

anderem "Zauber". Locke sie auch nicht damit. Gib ihnen die Wahl, die Du nie hattest und zeige ihnen auch die Armut der Kultur, die Umweltzerstörung, die Kriege, die Gefahr großer Epidemien, Zivilisationskrankheiten. Kläre sie über die Gewöhnung an Prothesen, wie Drogen zum Lernen, für schöne Gefühle, wie Cremes und Spielsachen für ansonsten immer armseligeren Sex,... auf.

Die Masche mit dem: "Du bist schlecht, böse, fehlerhaft,... Du musst Dich bessern". UND das Angebot: "Mach, was ich sage, mach, was das Buch sagt,.. dann bist Du gut, rein,..." funktioniert immer wieder. Dabei merkt man: Der Mensch **will** gut,... sein. Doch der Mensch ist oft ein Trottel,... . Ändert das destruktive Drängen, welches die kulturellen Systeme auf den Menschen ausüben und der Mensch kommt, wenn er freier ist, häufiger zur Besinnung. Dass die Systeme sich bemühen, den Menschen maximal auszulasten, damit er auf keine "dummen" (was auch immer damit gemeint ist) Gedanken kommt, hindert ihn auch an "guten" Gedanken. Im Wettstreit der Staaten hat dies NOCH den Effekt, dass kein Staat zu mächtig wird. Auch wenn die Mittel des Kampfes gegeneinander immer extremer werden, fast komplett unnötigerweise.
Der Zustand, dass man sich gänzlich auf ein System verlassen kann. Dass es das Denken und Handeln, bis auf DEINE eigene Leistung, für Dich erledigt, IST eine interessante Perspektive. Doch genau da kommt man mit der Konkurrenz, da sie Ruhe erschwert, nicht ganz hin. Dies Buch bietet das fehlende Material. Weitere Werkzeuge, für an der weitergehenden Bearbeitung des Materials Interessierte, befinden sich in dem Buch, das noch unter dem Titel: "**no HOPE – warum wir zu erfolgreich sind**" – zu finden ist. Dass die Menschen GEGENEINANDER gehetzt werden, ist NICHT das Ziel, nicht meines zumindest. Sondern zu lernen, eben **das** zu kontrollieren und weitesgehend zu vermeiden, IST das hoffentlich konsensuelle ZIEL. Hoffnung, die uns am Handeln hindert,

sollten wir mit Misstrauen behandeln.
Wobei das derzeitige System der Konkurrenz, denn darauf beziehe ich mich in der Hauptsache, jedoch versagt (!), ist, **gleiche** Chancen zu vergeben. Es ist PARTEIISCH und UNGERECHT. Das bringt außerordentliche Gewinner hervor und absolute Verlierer. Diese Einstufung in Gewinner und Verlierer ist an vielerlei Faktoren festzumachen. Einfach ist sie meist NICHT. Doch gerade für die Verlierer versuche ich hier etwas zu entwerfen. Das OS kann leider auch kompetitiv betrieben werden. Das ist schwer zu vermeiden. Aber es ermöglicht, ja, es erzwingt gar, dass dieser Wettsreit erkannt wird und Fehler sind dadurch erst (potentiell) vermeidbar, verbesserbar.

1. Religion und Ideologie
1.1 Platz schaffende Demontage der zur Zeit gebräuchlichen Weltbilder (Gott, Staat, Gottesstaat,...)

Wir haben 6000 Jahre lang fleißig Unsinn fabriziert. Wer löffelt das aus?!?

> Wenn man das Nachdenken über Religion, das Lachen oder Weinen über ihre Inhalte, das öffentliche Zweifeln an den Aussagen, Diskussion,... total(itär) verbietet und vielleicht gänzlich verhindert, ist sie im weitestgehenden Stillstand stabilisiert. Naja, ob das jetzt so anstrebenswert ist?!? Für diejenigen, die noch auslegen und interpretieren dürfen, also die FührerInnen, schon.
> Humor, Musik, Kunst, Diskussionen über ALLE möglichen Themen stellt nur unvollkommene Systeme, ob religiös, technisch, politisch,... in Frage. So werden diese erst verbesserbar. Unvollkommenes zu stabilisieren oder dies nur halbherzig zu versuchen, führt sehr sicher zu Problemen.

Das tolle **Stärkegefühl**, das Leue empfinden, wenn "ihr" Staat, "ihre" Religion, "ihr" Verein siegen, wachsen,... ist potentiell gefährlich. Das **Angstgefühl** bei Niederlagen macht sich auch nicht immer gut.

Hier der Versuch einen **Tabula Rasa** im Kulturbereich mono- und polytheistischer Religionen, Ideologie, sowie religionsnaher Philosophien zu schaffen. Philosophie selbst und Wissenschaft werden an dieser Stelle auch teils diskutiert, sind jedoch schwerer zu widerlegen. UND, auch wenn das seltsam klingt, da ich meiner Sache sehr sicher bin, werde ich mich bemühen, auch meinen eigenen Standpunkt zu widerlegen, zu demontieren. Denn das ist am schwersten. Um einen festen **Grund** zu schaffen und diesen nach zu weisen, ist dies meiner Ansicht nach notwendig. Ja, hierfür muss ich, muss der Leser,... muss man erst einmal etwas zerstören. Nämlich ein, und **das** werde ich beweisen, fehlerhaftes, schädliches Weltbild, das bei vielen vorhanden ist. Zerstörung ist schwer, da man dazu eine Gewalt anwenden muss. Diese kann sanfter Druck sein oder einem Berserkerrausch nahekommen. Bitte, übt so wenig Gewalt aus, wie möglich. Und bekämpft Gedanken, welche Menschen trennen, nicht **gutes** Denken und nicht die Menschen selbst!!! Wieso soll übermäßige Zerstörung von Natur schlimm sein und diese, hier gemeinte Zerstörung gut? Dies mag man sich fragen. Die Antwort, die ich geben kann ist: Weil ich schädliches (allzu Zerstörerisches für die Gesellschaft (fast?) ALLER Menschen) zerstören will. Genauso bin ich auch intolerant gegenüber der Intoleranz. Das erscheint als logischer Widerspruch, da es ein scheinbares Paradoxon darstellt. Das löst sich jedoch auf, da ich nicht intolerant sein mag und, sobald die Intoleranten mit ihrer Ignoranz aufgehört haben auch nicht mehr Grund habe gegen etwas derartiges zu sein. Man übt als Polizist ja auch im Idealfall Gewalt gegen, für die Allgemeinheit, schädliche Gewalt aus. Warum "**meine**" Ignoranz, Gewalt, Zerstörung "besser" ist als die der meisten Anderen? Weil sie bemüht ist, sich selbst zu hinterfragen, weil sie nur Schädliches zu zerstören sucht,... Doch so argumentieren fast alle Gruppen und "(Ver-)FÜHRER", die das "Gute" wollen, mag man dann sagen. Dazu soll man eben dieses Buch lesen (na klar!!! ;)) und verstehen lernen, in dem die Meinungen der meisten anderen Gruppen, mit denen ich mich nicht anlegen will, aber anscheinend tue, in weiten Bereichen widerlege. Was den Unterschied macht: Ich sage: "Probiert alles Andere an Religion, Kultur, Ideologie,... mal aus! Seht, nach, ob ich richtig liege! Prüft! Probiert! Prüft! Das Riskante simuliert besser erstmal! Redet mit Fremden! Eignet euch SINNvolles Neues an!... " Die Logik, die Selbsterfahrung, das Rollenspiel,... sollen im privaten Selbstversuch und Feldversuchen zu den Einsichten führen, die ich gewann. **Oder** zu gänzlich Anderen Sichtweisen, und hoffentlich auf weniger tölpelhafte, gar gefährliche Weise, als dies bei mir der Fall war. Denn ich war einst überhaupt nicht ignorant, fand alles interessant und richtig, gerechtfertigt. Doch ich ging damit zu weit, was ich nur in geringem Umfang gut finde, eher bedauere ich es. Obwohl ich noch viel weniger Schaden erzeugte, als hätte geschehen können, schäme ich mich, sobald ich daran denke, meiner, im Nachhinein hoffentlich nicht permanenten Fehler. Mein Bemühen ist es immer gewesen, konstruktiv zu sein. Dass dennoch manchmal die Erfahrung des Zerstörerischen in uns, durch uns, zum Erhalten eines objektiveren Gesamtbildes gehört, ist meine Ansicht.

> **Wie das Wort im Deutschen, vielleicht ohne Absicht besagt, (er-)schafft die Wissenschaft in gewisser Weise manchmal Wissen. Meist setzen Wissenschaftler, ähnlich der sogenannten "Entdeckung Amerikas", einfach einen Besitzanspruch auf, für Andere Bekanntes. So waren den Bewohnern Amerikas, die dort vor den Seefahrern aus Europa ankamen, "manche Teile" des Kontinents bekannt. Die Europäer vertraten nur, um ihr Verhalten zu rechtfertigen, eine andere Perspektive. Probleme wirft es auf, wenn man dann ein Patent, ein Copyright, eine Charta die Nutzung von Wissen, Land,... zum Privileg für bestimmte Gruppen macht. Auch das von der Praxis entfernte bauen von Theorie auf Theorie, kann zu Schwierigkeiten führen.**

Religion, Sekte, Ideologie (z.B. Fortschrittsglaube, Kapitalismus, Kommunismus,...) der folgenden Ausprägung meine ich mit Kultur-Glaube: Denk-, "Moral-" sowie Symbol- und Handlungssysteme, die den Menschen durch Angst und/oder Belohnungsversprechen zu einem "besseren" oder "schlechteren" Verhalten bringen wollen. Vor allem zu einem vom natürlichen oder naturreligiösen,... Verhalten abweichenden Verhalten.

Natur-Glaube meint folgendes: Ur-Vertrauen in die Natur (innere und/oder äußere), sowie ihre Güte und Gerechtigkeit. Kultur will die teilweise als Willkür und unpassend erscheinenden "Zufälle" der Natur beheben, macht jedoch noch viel falsch. Religion, Ideologie,... sind noch unvollkommene Werkzeuge der Kultur. Sie funktionieren mittels Angstmache und mittels Versprechen von Lust, Freude,... Gewinn. Hier muss man Abwägen lernen.

> Glaube ist ein meist liebloses Werkzeug, sich und andere zu beherrschen. Die Angst, der Hass,... und auch die vertröstende Hoffnung, die mit dem Glaube an ein Jenseits verbunden ist, sind meist nicht in unserem Interesse, zumindest langfristig. Das gilt demnach für Paradiese im "Jenseits", für "Wiedergeburten", "Hölle", "Limbus", "Gott", "Götter", "Beurteilungen",... . Die Liebe, die die Gläubigen mit ihrem Glauben verbinden, sollte lieber von Mensch zu Mensch praktiziert werden. Dass sie über den Umweg Gott stattfindet, macht sie selbstloser, anonymer und raubt den Menschen ihre Einheit als Menschen und ihr unmittelbares Gefühl, sowie die Kontrolle,... darüber. So bekommt der "Glaube" Macht über ihr Selbstbewußtsein, ihr Denken und Fühlen.

(Exkurs: Es gibt "klassisch" fünf Kategorien solcher Glaubens-Systeme und meines als Sechste:
1. Leidvermeidende Systeme: Diese/dessen Vertreter machen sich das mögliche Negative bewusst und sind so eher "vorbereitet". Sie sind daher eher emotional ausgeglichen, aber defensiv, gar passiv, "affektverflacht". So fehlt es ihnen häufig an Antrieb. Positiv ist hier, dass sie dennoch meist Glück (ich meine das Gefühl) erleben und zulassen können. Doch führen sie es nur in geringem Umfang selbst herbei, es geschieht ihnen von Zeit zu Zeit einfach und sie nehmen das hin. 2. Glücksanstrebende Systeme: Vertreter dieser, eher offensiv zu nennenden Systeme stecken bei der "Suche" nach dem bloßen

Glücksgefühl oder dem, was sie mit Glück verbinden, eher die negativen Geschehnisse ein. Und zwar, weil sie einsehen, dass diese Ereignisse unvermeidlich sind oder weil sie deren Existenz, teils bewußt, ausklammern. Sie erlangen Glück, oder was sie damit verbinden häufiger.

3. Leidanstrebende Systeme: Sie sind oft krankhaft zu nennende pessimistische Herangehensweisen an Leben und oft an den Schmerz und den Tod. Sie neigen zum Praktizieren degenerierter, pervertierter Verhaltens- und Denkweisen. Diese enden oft in selbsterfüllenden "Prophezeiungen". Oft lieben sie nicht nur, teils nur in ihrer Fantasie, den eigentlichen Schmerz. Sondern das Nachlassen desselben (Endorphine). Ruhm, Märtyrer,... sind Anzeichen dieses Konzeptes.

4. Glücksvermeidende Systeme: Streben nach Bestätigung der eigenen Schlechtigkeit, um sich selbst für "Fehler" zu züchtigen. Dennoch meist mit weniger destruktivem Ausgang als bei Punkt 3. Diese Menschen können schwer gute Erfahrungen zulassen, da dies ihre Bewertung der Welt, des Grundes ihrer Ablehnung, ihrer selbst... ändern würde und damit müssten sie den Fehler einsehen und beheben. Das bedeutet Arbeit. Diese wird tendenziell vermieden.

5. Nihilistische, strukturlose, "systemlose" Systeme: Ja, es existieren Menschen, denen solche Strukturen fremd sind. Naive Menschen, Leute ohne Zweifel, sie sortieren nichts ein und lassen sich nur bedingt strukturieren. Dies ist teils gesund, teils töricht. 6. Mein optimiertes System, mit dem Leitmotiv, dass "Alles" wahr ist: **Finden**, Bewußtmachen,...) Man lässt sich treiben und hinterfragt beim "Fall" durch die Gesellschaft alles, was einem widerfährt. So erhält man einen guten Einblick. Es ist höchst gefährlich, doch auch sehr aufschlussreich, sich aus der Gesellschaft heraus zu begeben. Diese läßt einen anscheinend erst nach langer Prüfung wieder herein. Von "außen" betrachtet ergibt sich im Idealfall ein Überblick. Zusammengenommen führen Ein- und Überblick häufig zu neuen Einsichten. Wenn man dieses Buch verstehen will, muss man durch viele Situationen

hindurch und diese natürlich überleben. Das Buch zu lesen, kann ein Einstieg sein. Das Ganze im Rollenspiel zu simulieren, kann vorbereiten, Einzelnen kann es gar genügen, das "Simulieren". Wichtig ist, dass **alle** Eindrücke im Leben in irgendeiner Weise "real" sind und dazu gehören UND ernst genommen werden sollten. Genauso gibt es kaum einen Menschen, der gänzlich im Unrecht ist.
Als Fazit ist noch zu sagen, dass auf den Mottos der einzelnen, hier gelisteten "klassischen" Systeme ganze Religionen und andere Kulturbereiche aufbauen. Dummerweise klammern diese so immer große, wichtige Bereiche aus. Nur in System 6. waltet **Gefühl**, ist es möglich, aus dem "Vollen" zu schöpfen. Nur, erst, wenn man so ziemlich "alles" mal ernsthaft bewertet hat und eine gute Ahnung, was in/auf der Welt geschieht, kann man "frei" handeln. Dies zu perfektionieren, kann mitunter mehr Zeit erfordern, als das eigene Leben bereitstellt. Sich zu bremsen, faul zu sein, manche Straftaten,... kann/können aus der Orientierungslosigkeit folgen.) Dies erachte ich als kritisch zu bewerten. Das ist ein "Makel" meines Konzeptes.

Reiche und Arme helfen lieber Reichen effizient und umfassend, da diese es eher vergelten können.

Das Prägen und Konditionieren auf Glauben, Wissen, Denken,... in einer bestimmten Weise kann Fehler provozieren. Die Eliten tun dies mittels Habitus, Tönen, Worten, Symbolen, Formen, Kleidung, Filmen, Institutionen,... . Sie machen gar mit diesem "Schmutz" die Auswege aus diesem Dilemma zu. Gleichbedeutend mit einem Verschließen der "Notausgänge". Eine eigentliche Gehirnwäsche wäre, wenn man das Wort "Wäsche" betont, einer Säuberung des Gehirns von diesem Schmutz vergleichbar. Dies Konzept wird durch die Herrschenden mit Angst verbunden, da die Mächtigen anderer Leute Hirn selbst Einfärben wollen. Auch gläserne, transparente Bürger wären, in mancher Hinsicht gut, falls die Beobachter ebenso "gläsern" wären. Und weil, die Informationen sowieso immer unkontrollierbarer und allgemeiner zugänglich werden. Doch ein Staat, eine Religion, die ungerecht ist und Ungleichheit schafft, benötigt Schutz ihrer Geheimnisse und FührerInnen, ihres engen Denkens, ihrer Herrschaftsmethoden. Dieses Unrecht sollte man beheben. Leider kann dieses Unrecht erst behoben werden, wenn die sogenanntenm "Völker" als <u>ein</u> Volk leben. Das soll Unterschiede der Kultur nicht zerstören. Es soll nur möglichst die Ressourcen als Basis von Lebensqualität gerechter und gleichmäßiger verteilen und damit das Leben gerechter und ausgeglichener machen. Das Wissen über die Herrschaftsmethoden muss öffentlich und transparent werden. Der mündige Bürger wird zur Notwendigkeit. Wer Verantwortung verweigert, muss dies gut begründen. Denn im Grunde gibt es einen ethischen Zwang, so weit es geht sozial und mündig zu sein.

Natur-Glaube kann und will ich nicht nehmen, solange er uns mehr nützt, als schadet. Natur-Glaube an die Natur, ein gutes, einfaches Leben,... ist in der Regel nicht schädlich, doch wir hätten bei absolutem Urvertrauen keinen aus Zweifel, Machtstreben, Unsicherheit, Neugier,... geborenen Wissensschatz, eben keine Kultur und keinen Kultur-Glauben. Menschen sind in der Regel keine Genies, außer

potentiell, in jungen Jahren, was durch das Einsortieren in den Staat oft zerstört wird. Wer ein Genie ist und das weiß, verrichtet teils ungern "Drecksarbeiten", oder?!? Nochmal: Würden die Menschen mehr denken (können), würden sie nicht die Fehler (Erfahrungen, die uns "fehlen") begehen, die uns voranbringen und/oder schaden, zumindest würden sie nicht derart viele wiederholt begehen. Kultur-Glaube will ich wirklich, aber auch "nur" teilweise nehmen. DORT nämlich, wo er schadet. Doch dies kann ich nur tun, **weil** er im Kern nicht fest ist. Und, dass den "Kultisten" dies noch nicht gelungen ist, diese Verfestigung, zeigt mir, dass hier noch fehlerhaft vorgegangen wird. Kultur-Glaube an Geld, Medizin und andere Wissenschaften, Religion und Sekten (Sektierer sind alle, die an Geister, Götter, "einen Gott", Feen, Bücher (Bücher zumindest gibt es), einen Messias (immerhin ein Mensch), Propheten (auch Menschen, die meist, außer durch Zufall, erst **nach** Ereignissen/Erkenntnissen diese Ereignisse/Erkenntnisse "voraussagen",... glauben, in ihren Glauben aufnehmen),... richtet sehr viel Schaden an. Dieser Schaden gehört bisher meist zu der Art, aus der man lernen kann. So weit, so gut. Aber leider muss man sagen: "Schaden, aus dem man lernen KÖNNTE!" Denn kaum jemand lernt aus diesen Fehlern. Man hält einander, man hält sich gegenseitig vom Lernen ab. Dazu vielleicht später mehr. Den sogenannten Gott oder die Götter oder die Geister oder, oder, oder,... einfach die "absolute Macht" hinter ALLEM wird durch die Logik widerlegt. **DOCH** im Staat, ob religiös oder wissenschaftlich oder ideologisch, manifestiert sich die Gottheit (manchmal heißt es gar "Gottesstaat"). Der Staat überwacht, schüchtert ein, straft, belohnt, unterhält, pflegt, verpflegt,... usw. Er greift in immer mehr Bereiche unseres Lebens ein. Und er sorgt für Fortschritt, Expansion (und wenn auch nur im Verbreiten der Kultur, der Sprache, der Religion, des Wissens, der Produkte, der Waffen,...), Langlebigkeit, Unterhaltung,... . Ist der einer Kultur zugrundeliegende "Gott-Gedanke" ein zürnender Gott, "zürnt" der Staat. Ist der "Gott" ein gütiger,

ist auch der Staat oft sozialer. Ist der Gott ein überwachender, gerät der Staat tendenziell mehr überwachend, schlimmstenfalls endet alles in Paranoia und so weiter.
Und hier nochmals das Wunderbare: "Gott" verwirklicht "sich" im Staat. Gott ist nicht und doch existiert er immer mehr und mehr. Weiteres dazu folgt noch. Ich sage nur: "Die Kinder sind die Eltern, sind der heilige, kollektive Geist...!?!" Der Satz vor diesem klingt widersprüchlich, denn er entstammt in gewisser Weise einer Religion, daher setze ich ihn in Anführungszeichen, und daher macht er hier noch wenig SINN.

> **Sport, körperlicher und geistiger, macht auch fit GEGEN die Natur. Schafft dadurch Freiheiten. Sport gehört zum kriegerischen der Kultur. Sport ist oftmals Imponiergehabe. Sportlich sein heißt stärker sein wollen. Dies muss man bedenken, oder???**

Religion und Ideologie entzweien, entdreien,... uns alle. Selbst mit nur <u>einer</u> Religion ist immernoch eine zweite Gruppe da, die der "nicht-alles-Glaubenden". Klar, Menschen wollen, weil sie fast immer gut sind und dennoch zudem häufig "schwach" sind, und dies als Nachteil sehen, "besser" sein, irgendwo dazu gehören,... Ein Hintergrund der Bemühungen der Systeme Religion, Sekte, Wirtschaft, Staat,... ist es, dass alle Menschen eine Meinung teilen sollen, <u>einer</u> Meinung sein sollen. Doch da wäre es ganz förderlich, wenn diese Meinung richtig wäre. "Teile und herrsche", das ist es, was die (durch uns) Mächtigen mit uns tun... Wir werden voneinander getrennt, durch den jeweiligen Kultur-Glauben, der uns eigentlich einen soll, normalerweise als Teil einer Hierarchie. So werden wir beeinflussbarer, kontrollierbarer. Mit den Antworten der Religionen und vieler Ideologien, die jedoch oft nichts klären, fühlen Kultur-Gläubige sich sicherer, mächtiger, legitimisiert,... die unglaublichsten Dinge zu tun. Oft gut, oft schlecht in dem

Sinne einer sogenannten "Menschlichkeit". Es entsteht dadurch oft ein Problem: Wenn Andere etwas Anderes als wir glauben, dann irritiert das manche. Und das stellt die "Sicherheiten", die "Gewissheiten" der eigenen Gruppe in Frage, als Folge: Angst durch Verunsicherung und Zwei-Fall (Zweifel). Diese wird durch Dialog oder Konflikt,... beim Sieger des Konfliktes, leider zu selten beim Verlierer abgebaut. Im wahrsten Sinne des Wortes unglücklicherweise mit Opfern. Tue ich hier das gleiche? Mittels meiner Macht meinen Frust abbauen? Teils ja, das kann ich nicht ganz vermeiden, vermute ich. Zerstörung, Nichtung,... hat dieses gewaltsame Element, diesen Faktor als Eigenschaft, meistens. Doch auch ein Chirurg muss oft gesundes Gewebe entfernen, wenn er anders nicht behandelbare, bösartige Geschwüre herausschneidet. Und meine Methode ist meiner Meinung nach sehr viel weniger schädlich, und das dazu sehr selten,- bei häufig großem potentiellen Nutzen. Dazu muss man sie, meine Meinung, verstehen. Ich versuche überzeugend zu sein und das ohne zu lügen. Leider weiß ich nicht alles, doch was ich hier schreibe ist meine derzeitige (06.06.15) Meinung.

Logik hat ihre Grenzen. Denn sie funktioniert nur mit Extremen (fast?) 100%ig. Der Kleinste/das Lauteste/die fantastischste,... Sache/Person,... ist/war..."so und so..."-Aussagen. Damit lässt sich normalerweise arbeiten. Doch sobald diese "Absoluten" ganz zueinander im Widerspruch stehen, wird die Logik gesprengt, das Ergebnis: Ein Paradoxon. Auch diesen Abgrund kann die Logik überbrücken lernen. Man gehe einfach immer wieder von einer auf die andere Seite. Der "Abgrund" wird so kleiner. Einziges Manko: Man kann zumindest vorübergehend den Verstand verlieren.
Aussagekräftige Logik folgt demnach der klassischen Physik und umgekehrt. Doch ihre Grenzbereiche "folgen" eher der Idee der Quantenzustände des Welle-Teilchen-Dualismus, etc. Paradoxa stellen zudem meist nur scheinbar

Widersprüche dar. Verursacht durch mangelnde Genauigkeit der Formulierung der "paradoxen" Aussagen.

Armut, in jeder negativen Form führt zu Angst. Dummheit ist beispielsweise Armut im Geiste, dann gibt es noch Armut an Gerechtigkeit, Armut an Besitz,...
Angst macht blind. Gerade gegenüber der Gefahr, von Anderen manipuliert zu werden. In sicher-scheinende Gruppen, wie Religionen, Staaten,... gedrängt zu werden, die gegen andere Gruppen, welche als "Feind" gesehen werden, kämpfen, erscheint vielen als kleines Übel. Das ist ein Fehler. Denn hier werden die Leute zu Soldaten, Missionaren, Verbrechern,... und das obwohl sie es nicht wirklich wollen können. Die von diesen Gruppen gebotene Sicherheit kann sich, gerade für in der Hierarchie "unten" angesiedelte, schnell als scheinbare herausstellen. Armut an Geld, Besitz,... führt zu Umweltzerstörung und Ausbeutung. Und der Arme wird leichter ausbeutbar, beeinflussbar. Selbst die Überbevölkerung ist in weiten Bereichen auf Armut zurückzuführen. Da in vielen Gebieten Kinder für die Eltern im Alter sorgen, zeugen die Menschen dort mehr Kinder für ihre Altersversorgung. Je ärmer, ängstlicher,... und unsicherer, desto mehr Kinder "wollen" die Leute. Ergänzend wollen Frauen in reicheren, freieren und emanzipierteren Regionen immer mehr auch selbst berufliche Karriere machen und verschieben den Kinderwunsch oder geben ihn auf. Dies ermöglichen Verhütungsmittel,...

Interessant ist auch, dass das an diese Welt angepasste Leben, hier der Mensch, denken kann, die Welt wäre an ihn angepasst. Klar, Menschen beeinflussen die Welt. Doch Wolken als Wassertransportsystem zu loben. Darin Beweis für "Gott"/"Götter" zu sehen... Warum regnet es dann manchmal viel zu viel oder andernorts zu wenig, wenn man Bedürfnisse der Lerbewesen als Maßstab nimmt? Zufall oder Strafe/Belohnung? Ist dann der Stein, auf den der Regen fällt, ein wunderbares Wasser-zerstäube-Ssystem?

Privatbesitz ist ein größtenteils kulturelles Konzept. In der Natur "besitzt" man nur das, was man ohne Probleme gerade manipulieren kann. Die Erweiterung des Besitzes auf Gegenstände, Menschen und andere Lebewesen oder gar mehr Land und Raum, als man selbst nutzen kann, ist eher "neu". Sie benötigte wie so vieles Neue, eine künstliche Rechtfertigung. Denn der "gute" Mensch will im Grunde nichts "Falsches" tun. Also schafft er ein Instrument, das sein, vom Ursprünglichen Verhalten abweichendes, teils ungerechtes Verhalten ermöglicht. Gebote, Verbote, Gesetze,... Gott/Götter/Ahnen/Geister/... dienen manchmal dieser Rechtfertigung und Befähigung. Oder man begründet das Unrecht mit der eigenen Stärke, Not,... oder mit einem Handel. Der Handel kann sein: "Ich habe total hart für den Erwerb dieses Landes gearbeitet." Doch die Konstruktion bleibt künstlich, daher führt sie tendenziell zu Komplikationen und Konflikten und Ungerechtigkeiten. Wer bestimmt überhaupt, dass der Handel gerecht ist, sein kann??? Klar, man "darf" Dinge, Land "besitzen", doch eigentlich gehört ursprünglich alles Allen, zumindest tendenziell. Wenn man sich als Gesellschaft auf den Tausch: Arbeit gegen Besitz oder andere Varianten geeinigt hat, muss zum Beispiel eine Grenze gesetzt werden, die allen eine **GLEICHE** Chance und Freiheit verschafft, Besitz zu erwerben. Und durch ungleiche Besitzverteilung sollten möglichst wenig Nachteile geschaffen werden. Denn die Welt(en) "gehören", wenn überhaupt, **allen gleich**ermaßen. Arbeitet man konstruktiv oder **sinn**voll-destruktiv, sollte man die Möglichkeit erhalten, einen angemessenen Teil der Welt zu leihen, auf Lebenszeit oder kürzer. Vererben ist ja ein nettes Konzept, wenn man eine heile, gerechte, schöne Welt vererbt. Doch Verschenken, Verkaufen und Vererben von Besitz, das sollte nicht gänzlich unmöglich gemacht, aber in seinem Ausmaß so gering wie möglich gehalten werden. Es könnte sonst zu starke Unterschiede von Arm und Reich geben. Dies widerspricht zu stark dem Gleichheitsgrundsatz. Letzterer sollte gleiches Recht und nicht gleiches Unrecht vertreten.

Sonst prägt es den Habitus und die Psyche und/oder führt zu einer gänzlich anderen Sichtweise, der eines Raubtieres, eines Tyrannen,... UND sonst wird zu gierig,... Natur, fremde oder eigene Kultur zerstört. Witzig und erhellend ist noch, dass das Wort "privat" von dem Wort "privare" abgeleitet wird, was unter anderem "rauben" heißt.
Aggression ist ein vermutlich im Menschen teils durch Abgucken von Tieren freigesetztes Verhalten (Bandura). Raubtiere zeigen dies vor allem. Hirten,... sind die Raubtiere unter den Menschen. Sie stellen Regeln auf, die mit Gewalt verteidigt werden. Diese Regeln stellen Barrieren dar. Doch die Natur testet gerne Barrieren UND lernt in der Regel, diese zu überwinden. Die "Prüfenden" werden teils Kriminelle, teils Draufgänger, teils Krankheiten,... genannt. Sie sind also manchmal Folge der Verbote, Gesetze,... und werden von den Landbesitzern, Hygienikern, Sterilisierern,... dann für die Regelverletzung bestraft. Seltsames Konzept. Ja, daher sind Verbote reizvoll UND tückisch. Und ja, daher gibt es Arme und Reiche, Mächtige, Ohnmächtige,... U ungerecht ist beides. Dies Buch enthält einen Lösungsansatz. Oder etwa nicht? Wäre ein Kompromiss zu "weicheiig"? Buhuuuuuu...!!!

Das Konzept/der Prozess des Denkens rekapituliert in der Regel bloß Fehler und geglücktere Erfahrungen. In die Zukunft zu denken vermögen nur wenige. Fehler muss daher fast jeder Mensch machen, vielleicht genügt <u>ein</u> großer Fehler aus?!? Wenn wir die Fehler nicht machen, schauen wir Anderen dabei zu und lernen so. Ein wahrhaft nützlicher Glaube würde uns (fast) alle Fehler ersparen können, wir brauchen nur jemanden, ein Buch,.., der/das sie uns aufzeigt und schon müssten wir diese Fehler nicht wiederholen. Jeder Mensch will wenig falsch machen. Doch wir erlernen die Anpassung an neue Situationen, Umwelten,... immernoch durch Fehler. Fehler stellen so ein Prinzip der Wahrnehmung,... dar. Sonst würde kaum jemand Neues erkunden, kennenlernen, fürchten, achten und lieben

lernen,... Leichtsinn, Mut, Selbstvertrauen, Not, Verstehen, Selbstbewußtsein, Neugier... all dies kann zur Erkundung von Grenzen im vermeintlich Neuen und vielleicht variierenden Alten führen. Wir sind in diesem Sinne auch Crash-Test-Dummies und "Sonden" der Natur. Selbstgemachte Fehler kann jedoch nur der positiv, also konstruktiv-Denkende in SINN umsetzen. Negative Gedanken führen zu destruktivem Zweifel und oft zum blinden Wiederholen des Fehlers oder zum Erzeugen anderer Fehler. Eine positive Einstellung führt zum Erfolg, wenn man kontrolliert-offenen SINNes ist. In dem offenen Zustand erhält man mehr Informationen. Man kann sich vorbereiten, dann wäre es partiell ein kontrollierter Absturz, sozusagen. Solche Fälle sind selten und können immernoch auch misslingen. Das ist dann fatal. Vor allem, wenn das Scheitern nicht dokumentiert wird. Auf das Konzept des Fehlers im SINNe einer fehlenden Erfahrung geht dies Buch noch mehrfach ein. Ein Merksatz dazu lautet: Fehler machen kann jede/r, daraus lernen nicht.
Die Erfahrung des Überstehens, Bewältigens neuer Situationen,... aber auch das vollführen von Gewalttaten führt zum Gefühl von Macht. Dieses kann "süchtig" machen und berauschen, nur derjenige der sehr große Zufriedenheit und Macht besitzt oder besessen hat und wieder bekommen zu können "glaubt" ist relativ gefeit gegenüber solchen Verlockungen.
DENN auch diese Sucht ist eine Krankheit, sie schwächt auf die Dauer den Widerstand gegen weiteren "Konsum". Das ist meist (noch?) eine Einbahnstraße.
Interessant wird es, wenn Handlungen einmal als **falsch** betrachtet werden und das dann als "Fehler" bezeichnet wird und das eigentlich **identische** Verhalten andernorts, zu anderer Zeit, von Anderen verübt,... richtig oder gerecht,... genannt und nicht geahndet oder gar belohnt wird. Das verwirrt gerade Kinder sehr. Ein Beispiel ist der Soldat, der im Krieg "natürlich" töten kann, verletzen soll,... . Im Dienste des eigenen Volkes, Erbgutes, Rechtsverständnisses,... für

den Staat, ist diese Verhalten akzeptiert. Zumindest von den Gruppen, denen der Soldat dient oder für den Soldaten. Doch tötet ein Mensch einen Anderen in anderen Konfliktsituationen, ob er nur Gelüste befriedigen will oder eine Not der "Grund" ist, kann das gleiche Verhalten als komplett "falsch" angesehen werden. Ein anderes Beispiel ist die Ermordung (mit Waffen, Ansteckung mit Krankheiten, geduldete "Sportunfälle" beim Boxen, der Formel 1,...), Vertreibung (Räumlich und im Kopf durch Zerstörung der Identität, "Kultur"), Umprogrammierung des Verstandes (Religion, Staat,...), Vergiftung und Infizierung (Drogen, Konsum von Kulturgütern,...),... vieler Menschen in vielen Ländern, durch andere Menschen, die das "Recht des Stärkeren" anwenden. Hier nenne ich mal die Kreuzzüge, die Konquistadoren, die Untaten an Urvölkern,...
Klar, verstehen kann man die "legalen" Verbrecher, Siedler, Religiösen, Sportfans, Politiker, Wissenschaftler,... auch, doch Verständnis kann man für (fast?) jede/n entwickeln. Es kommt ja von "verstehen", und da Menschen nicht nur SINN suchen, sondern auch ihr Leben in der Regel darauf aufbaut, ist fast jede Position erklärbar. Doch der SINN kann ein mangelhafter, schlechter, allzu destruktiver, verbesserungswürdiger,... sein. Und Verständnis zu haben heißt nicht, dass man das Verstandene gut finden muss.

Kulturerzeugnisse dient auch dem **Werben** von Partnern. Mittels Angst-machen-können, Sicherheiten-Vortäuschen und Lust-bieten-können wird Kontrolle angedeutet oder demonstriert. Dies soll Attraktivität erzeugen. Ein Extrem ist die "Versklavung" des "Partners" und seine teilweise "Entrechtung", oft begründet mit göttlichen, karmischen, elterlichen, gesetzlichen, traditionellen, geschichtlichen,... Willen/Grund. Das geht so weit, dass die Opfer ihre unterlegene, unterdrückte Rolle verteidigen, gar ein Privileg darin sehen, da sie ihnen meist auch Rechte und Erleichterung zubilligt. Besonders begehrt sind wieder einmal die Frauen, deren Gebärfähigkeit die körperlich meist dominanteren Männchen sich oder ihren Herrchen sichern wollen. "Possierlich", wenn ich nur kein Männchen wäre (Ironie). Kultur "wirbt" nebenbei gesagt auch mittels Willensschwächung, Entspannug, Verwirrung, Verunsicherung,... UND das diese Herausforderungen bestehen durch Drogen,... Wissen, Macht, Symbole, Dinge. "Sex sells", und quasi alles, was man haben, sein, können und tun kann wird sexuell konnotiert.

Religion an sich, also in Bezug auf ihre Inhalte IST häufig unlogisch. In Bezug auf ihre Verwendung als Herrschafts,- Kontrollinstrument ist die Eigenschaft als Werkzeug der Überwachung und Erziehung jedoch logisch. Wenn man nichts besseres hat und die Leute darauf hereinfallen, warum sollten schwache Menschen Religion nicht nutzen, um noch schwächere auszunutzen...(rhetorische Frage)!?!

Religion und religiöse Menschen sind zwei verschiedene Elemente. Beim Fühlen, Denken und Handeln sollte man lernen, sie getrennt voneinander zu betrachten.

> Als ein Beispiel aus der Praxis illustriert der Umgang mit dem den Durchschnittsmenschen fremderen SEIN, Denken, Fühlen, Handeln und Sein eine Neubewertung desselben SEINS durch Natur und/oder Kultur: Homosexualität ist auch in der restlichen Tierwelt, nicht bloß beim Menschen, verbreitet. Dass der Teufel daran beteiligt ist, Käfer und anderes Getier zu "verderben", ist noch so ein Unsinn, den sich einzugestehen den Gläubigen dermaßen schwer fällt. Beim Menschen kommt dazu, dass die Homosexualität als Blasphämie (Gotteslästerung), "wider die Natur",... verschrien war und teils noch ist. Aha, da geschieht etwas eigentlich unmögliches, weil unsinniges??? DAS ist Unsinn. Witzig ist, zugleich tragisch, dass die Zwangsehe, an Homosexuellen immer wieder vollzogen, für den Fall, dass die Veranlagung erblich ist, die Zahl der Homosexuellen zumindest nicht verringert hat. Sind Homosexuelle "böse", "unrein",...? Naja, so sehr wie ihre Unterdrücker und Verfolger schon mal nicht. Sie bringen als etwas freiere Geister gar die Kultur voran, im Grunde sogar sehr konstruktiv. Als sehr Modebewußte, Trendfinder, provokant für eingefahrene Traditionellere, Künstler und sehr Gefühlvolle. Das, was der Mensch nicht versteht,... bekämpft er viel zu oft. Das kann schädlich sein.

Was ist wahr? Woran erkennt man eine Lüge?
Das ist natürlich im Grunde die gleiche Frage und eine der Wichtigsten!
Leider haben wir Menschen nur ein Mittel, dieses herauszufinden. Dazu müssen wir alle notwendigen Daten besitzen und diese mittels der Logik prüfen.
Wer uns erzählt, Politik oder Religion, Wirtschaft oder Wissenschaft, das Leben oder der Tod,... wären nicht logisch, der weiß es vielleicht nicht besser. Aber, ob mit Absicht oder nicht, wer solches erzählt, beraubt uns des wichtigsten Werkzeuges unserer (un-?)möglichen Freiheit.
Selbst Gefühle sind logisch, selbst Fehler sind logisch.
Dass wir Dinge noch nicht erklären können, bedeutet nicht,

dass sie unlogisch oder gar falsch sind. Die Naturgesetze implizieren, dass alles logisch sein muss. Nur das, auch daher in diesem Buch diskutierte "Nichts", ist nicht ganz logisch. Oh, falsch, es ist logisch. Denn es existiert nicht. Doch dadurch existiert es irgendwie. Unlogisch? Nein, paradox oder gelogen oder nur schlecht formuliert.

Religion, Ideologie und Staat,... arbeiten REGELMÄßIG mit Verboten. Du kannst/sollst/darfst/... dies nicht und das nicht. Meist drohen sie mit Strafe,... All dies läuft auf Angst, Terror, Hass und Manipulation hinaus. Irgendwann ist man auf Überwachung, Bewertungen, Kontrolle,... angewiesen. Sonst folgen Ohnmacht, Panik und Amok. Diese Methoden, ich meine Verbote und ihre Begleiter, taugen ohne einen sie dominierenden guten Willen überhaupt nichts. Und der hier gemeinte gute Wille benötigt tiefe Einsicht sowie Verständnis.

1.1.1 "GOTT"

Gott? ~~allmächtig~~
~~allwissend~~
(~~gütig~~)
~~allerbarmend~~
selbst "Eigenschaftslosigkeit" ist eine Eigenschaft. Und ein "Gott" mit "absoluten" Eigenschaften ist widerlegbar. Das Konzept Gott,... aufzugeben ist für jeden Menschen "nur" einen Gedanken entfernt. Man verliert nicht viel, außer einer schwachen IDEE, und gewinnt mehr potentielle Macht über sich selbst, da so mehr Logik zugänglich wird. Widersprüche klären sich plötzlich. Ängste schwinden. In neueren Auffassungen der liberaleren Auslegungen, ist Gott nicht allmächtig,... doch als Konzept wird der Glaube an ihn/sie dennoch beibehalten. Weil der Glaube an dieses Konzept, aus der diesbezüglich geprägten Angst/Lust/Machtgefühl/... Menschen zu einer Gruppe zusammen bindet. Moralische Grenzen, die Götter verschiedenster Glaubensrichtungen sich selbst setzen oder denen sie ihr Handeln oder Denken unterordnen, scheinen die Tötung von Menschen und Tieren, bzw. Pflanzen dennoch nicht zu verhindern. Ob der Gott, die Götter selbst "Hand" anlegen, beim Töten von Menschen, Tieren, Pflanzen, oder sie es ihre Gläubigen machen lassen, spielt kaum eine Rolle. Die hier gesammelten Indizien sprechen gänzlich für eine Verortung "Gottes"/der "Götter" als reine IDEE im Gehirn der Menschen. Es würde sämtliche Geschehnisse auf der Welt, die mir und hunderten von mir "interviewten" Leuten aufgefallen sind, zu allen mir durch eigene Erfahrungen und Lesen bekannten Zeiten, Orten erklären. Logik und Psychologie arbeiten gut zusammen. Alle haben jedoch ein wenig Recht. Gott "existiert" als Muster in unserem Bewußtsein. Als kollektiver Gedanke, der genauso kollektiv optimiert wird. Das beweist gar den guten Willen der weitaus meisten Leute, die nur immer mal wieder frustriert sind, wenn ihre "tolle Idee" von Anderen nicht geteilt wird. Wo doch "alles" so "klar" ist. Teils geselle ich

> mich zu dieser Gruppe. Bin dort öfters zu Besuch. Das ist auch ok, solange ich friedlich und offen bleibe. Göttern kann ich nur wenig "Schuld" geben, doch den Menschen, die in ihrem Namen schlimmes tun, rate ich zum Überdenken ihres Modells. Was MUSS ein allmächtiges Wesen tun? Auch darüber sollte man nachdenken. Denn das führt zu Fragen, logischen Widersprüchen und Einsichten, wie Laotses "Nicht-TUN", etc. .

Es gibt immer noch eine Menge Leute, die an Gott/Götter/Feen/... und Äquivalente in diesem Bereich, glauben. Dies ist einfach so, oft fehlt die Kenntnis und das Verständnis für Zusammenhänge. Doch es gibt die nicht ganz unwahrscheinliche Möglichkeit, dass diese Leute mit der Existenz einer "Schöpfungsmacht" richtig liegen könnten. Doch die bekannten und herkömmlichen Religionen mit ihren Vorstellungen liegen, für den Fall, dass Logik und Vernunft mehr als nur Einbildung sind, sondern real und gültig, sehr sicher daneben. Sorry. **Allmacht und Allwissenheit**, passen als göttliche Attribute nicht in die Realität, letztere können wir schlecht widerlegen. Ja, so einfach geht das. Ist beweisbar, auch für Leute, die lieber die Lügen glauben.
Wieso kann ich hier sehr sicher davon ausgehen, dass ich Recht habe?
Allmacht lässt sich mittels der Logik widerlegen. Man frage sich ob Gott in der Lage ist, Dinge zu tun, die er nicht tun kann... (Das alles endet NICHT beim Anfangs erwähnten Allmachtsparadoxon. Die Geschichte mit dem "Stein" nehme ich auch heraus) Kann er es, so kann er es **nicht nicht** (das bedeutet, er ist **unfähig**, es nicht zu können) und ist gescheitert. Kann er es nicht, ist er ebenso gescheitert. Diese Konstellation ist eine Art Zwickmühle. Auch etwas nicht zu tun, sei es nur, in bestimmten Situationen, kann eine Fähigkeit sein. Wäre Gott allwissend, wüsste er auch, wie man Allmächtig wird. Diese Allmacht ist jedoch bereits widerlegt. Demnach fällt auch Allwissenheit flach. Und: Warum sollte ein Allmächtiges Wesen eifern? Wonach

auch? Nach unserer Anbetung etwa?!? Und zur „Güte"
dieses Gottes, nur mal angenommen, er wäre allmächtig und
allwissend (ohne diese Attribute wäre er oder sie wohl auch
kein Gott), kann ich nur sagen, dass er/sie/es schlecht
abschneidet/abschneiden.
Kann "Gott" sich selbst besiegen? Auch interessant!?!
Der Kultur-Gläubige mag sagen, "Gottes" Wege seien
unergründlich. Oder er kann sagen Gott unterliege nicht der
Logik. Letzteres ist ein misslungener Versuch, sich der Logik
zu bedienen. (Das passt in die Kategorie: "Mein Gott ist
größer!" "Nein, meiner ist immer doppelt so groß, basta!")
Nur, berücksichtigt man dies alles, sollte der Kultur-Gläubige
sich bedeckt halten, denn dann hat er gewissermaßen
zugegeben, dass er gar keine Ahnung hat und haben kann.
Was die Gott-Gläubigen vom Reden und Missionieren nicht
abhält. Im Gegenteil.
Aber sie müssen in erster Linie ja sich selbst überzeugen,...
Andere zu belabern beruhigt die Gläubigen ein wenig, wieso
bloß?!? (Das war eine rhetorische Frage.)
Und, was wenn "Gott" über der Logik steht, mag der andere
Gott-Gläubige anmerken.
Ja, wenn das Unlogische logisch wäre, würde man es auch
logisch nennen, denn dann wäre es nicht mehr unlogisch,
logisch, oder?!?. Oder wäre Gott unlogisch, wenn er
außerhalb der Logik stünde? Selbst der Kultur-Gläubige
benutzt für diese "Denk-Schritte" meist die auch für mich
nachvollziehbare Logik, nur irgendwann im Verlauf des
Datenaustausches nicht mehr.
Besonders deutlich wird es in dem Satz: Wenn Gott
allmächtig "ist", **KANN** er/sie nicht(-)existieren. Solche
Spielchen, wie das Konzept von Allmacht, die nirgends
endet, oder zeitlich, räumlich, moralisch,... begrenzte
Allmacht kommen von kleinen, frustrierten,... Primatenhirnen
mein Hirn ist da nicht wirklich anders (nur eben nicht so
frustriert). Allmacht IST Allmacht, selbst wenn sie nur als
Idee existiert. Eine Begrenzung ist gegen das Konzept des
Wortes gerichtet. Und Allmacht beinhaltet, dass Gott/die

Götter stets alles tun können. Doch ist er, solange er existiert, geradezu kartesisch, gezwungen, sich selbst ein Hindernis zu sein. Wie auch Andere, allmächtige Götter Hindernisse wären. Was wäre, wenn Gott nicht der Logik unterliegt? Hmmmh,... witzig. Die bekannte "Schöpfung" ist logisch, selbst, wenn sie nicht gänzlich bekannt ist und besonders ihre physikalischen Grenzen.. Denn das, was ist, muss logischerweise existieren, sonst gäbe es das nicht. Man zeige mir etwas unlogisches, das existiert. Selbst, wenn es nur geschaffen wurde, mir/Anderen einen Streich zu spielen, wäre das logisch. Ein Wesen, das in der Lage ist, alles logisch mögliche zu tun, ist denkbar. Sogar wahrscheinlich. Mir ist klar, dass ich die wahren Gläubigen nicht überzeugt habe. Das ist schade. Doch wenn ich nur eine/n von meinen Lesern/Innen etwas konstruktiv verunsichert im Glauben und damit näher zur Logik, einer anwendbaren Wahrheit gebracht habe, würde mich das freuen. Für mich genauso, wie für diese Person. Die traditionellen Glaubensrichtungen gehen schon mal nicht so tiefgreifend auf diese Problematik ein. Trotz ist schwer zu besiegen, genau wie Dummheit und Rechthaberei. Es ist KEINE Schwäche, wenn ich sage, dass ich auch manchmal so bin. Nur so habe ich eine Motivation, mich zu bessern und das zu erkennen, was zu verbessern ist. Ein "trotzdem allmächtiger Gott". Obwohl mein Konzept alles erklärt und der Trotz gar nichts, NEIN, dagegen komme ich nur bedingt an. Die Zeit wird zeigen, ob der Trotz dem Lernen überlegen ist oder nicht. Mal sehen, wann die erste Gott-existiert-trotzdem-Religion aufmacht... :D Die traditionellen Religionen habe ich mit diesem Buch überrundet. Auch wenn es ne Weile dauern wird, bis die Gläubigen dieser Systeme das erkennen und erkennen müssen. ;) :)

Geld kann nicht sonderlich viel arbeiten. Genauso ist es an den Problemen nur bedingt schuld. Wie eine Waffe derzeit selten **schuld** an der Tötung von Leuten ist.

> Hexen, Juden,... und andere Verfolgte... als Täter darstellen, wenn sie Täter sind und schützen, wenn ihnen Unrecht widerfährt. Sie als Menschen nehmen, da sie "nur" solche sind.

Gottesurteile, sei es, wie in Hexenprozessen oder in archaischerer Form, im Duell von Kämpfern, dienten/dienen der "Wahrheitsfindung". Hier wurden (und werden) Urteile gesprochen, in denen über das Leben, den Besitz, den Glauben, das Recht,... entschieden wurde. Auch wenn es "Gott" als Wesenheit (noch?) nicht gibt, hat dies nichts mit "Gott" im Sinne einer gerechten Ordnung zu tun. Hier entschied das "Recht des Stärkeren", des besseren Mörders, Fechters, Argumentierers,... fast immer zu des Routinierteren, Stärkeren, Rücksichtsloseren, besser Bewaffneten... Gunsten. Herrschaft über Andere, privater Landbesitz,... wurden so gerechtfertigt (sogenanntes "Recht" wurde hier gefertigt). Dieses Unrecht hat heute noch viele negative Folgen. Und die Kinder, Enkel,... der Verbrecher haben heute Macht, Reichtum, Einfluss,... Sie erzeugen beispielsweise Angst, welche als Herrschaftsinstrument nichts an Leistungsfähigkeit eingebüßt hat. Angst durch Armut, Ungleichheit, Hunger, Krieg, Glaube an Teufel, Sünde, Karma, Wiedergeburt und Hölle,... Angst, die oft vorübergehend durch inkompetente Erleichterung, mittels Gewaltausübung (Abreagieren), bei normalerweise nur einer Partei "behoben" wird. Doch Angst, die durch Gewalt meist nur beim Sieger momentan gemindert wird, setzt sich fest. Denn Gewalt anzuwenden, anwenden zu müssen, ist ein Eingeständnis von Schwäche, offenbart oft verborgenes Vorhandensein von Unsicherheit. Und das, da Gewalt fast immer Folge von vorherigen Unfähigkeiten, mangelnder Kompetenz in Kommunikation, Intellekt,... ist. Diese fehlenden Fähigkeiten erzeugen daher Angst, wenn sie bewußt werden. Religion mit ihren leichten und schweren Schein-Antworten verhindert das Erlernen praktischen Wissens tendenziell, nimmt jedoch durch diese Schein-

Antworten Zweifel, Angst,...Warum soll ein religiöser Mensch etwas über "Evolution" lernen, wenn es die in seinem Verständnis "gar nicht gibt"?! Dieses nicht-Denken kann sogar gesund halten. Zumindest von Krankheiten, der innere Arbeitsaufwand des Zustandes "Zweifel" fällt teils weg, das Immunsystem hat mehr Ressourcen übrig, die Psyche wird nicht strapaziert. Auf die Dauer ist eine starre Haltung, sind limitierte Denkweisen Neuem und Umfassenderen Denken und Wissen unterlegen. Danke, Evolution!!! <3

Obwohl sich die so toleranten Gott,...-Gläubigen wundern, dass sogenannte "Primitive" Idole anbeten, die Sonne, Quellen, Bäume, Ahnen,... symbolisieren/sind/..., wundern sich nicht, dass sie selbst Ideen, wie Götter, Gegenstände wie Bücher, Steine, Holzstücke, Gräber... anbeten. Und, <u>genau</u> die **eigene** Vorstellung von einem Gott, mehreren Göttern, Engeln, dem Schicksal,... ist "richtig". Was für ein Zufall??? Aber man schaltet selten darauf um, dass alle oder viele andere Ideologische oder Religiöse genau aus den gleichen Gründen, das Gleiche über von der eigenen Vorstellung verschiedene, abweichende und doch <u>sehr ähnliche</u> Ideen denken.... Und ja, so ziemlich jeder Gläubige denkt, wie ich (?), dass genau sein Konzept korrekt ist. Hier muss auch ich, der Autor, meine Denkweise wieder einmal überprüfen, indem ich die bereits durchlebten Systeme emotional wie inhaltlich durchlebe. Währenddessen kontrolliere ich die alternativen Denkweisen auf **eklektizistische** beziehungsweise **synkretistische** Auswertbarkeit. Ergebnis: Wissenschaft kommt zu praktikablen und logischen Ergebnissen, Religion, die nicht wissenschaftlich und anpassungsfähig ist, nur teilweise.

Vielleicht kann man die "Gläubigen" <u>einen</u>, wenn man ihnen allen ein Gegner ist. Aber "die" suchen, sowieso und oft nicht gerade selbstkritisch, nach Fehlern in der Argumentation ihrer "Konkurrenz". Wenn sie mal ihre eigene Argumentation hinterfragen würden. Doch im Zweifel werden die immer gleichen Texte, Sprüche,... gelesen, rezitiert. Das so lange, bis der Zweifel, die eigene Unlogik,... verdrängt ist. Äh, ich meine: Als wirkliche und einzige Wahrheit wieder mal bewiesen wurde. (Der Satz vor diesem ist ironisch gemeint.)

Die Argumente der „Perfektion", der "Prüfung" und des „Leides" in Bezug auf Götter/Gott/Transzendenz/...
muss ein intelligenter Erwachsener nicht mehr lesen (tut es aber ;)), falls er auch einigermaßen gebildet ist.
Aber ich führe sie der Fairness halber einmal an.
PRÜFUNG:
Dass das ganze Leben als eine Art Prüfung angesehen werden kann, bedeutet nicht, dass es eine Prüfung ist. Denn ein Prüfer, wie "Gott", der allwissend ist, wozu sollte der prüfen???
Manche sagen, weil er ja testen (das ist ein anderes Wort für prüfen) will, weil er ja sehen muss, ob die Menschen gut oder schlecht sind. Doch, um es zu **wiederholen** (einmal etwas zu sagen, reicht bei den wenigsten Leuten. DAS wissen die Priester und Politiker,...): Ist er nicht allwissend?!?
Und der Faktor Satan ist als die versuchende, verführende Instanz auch keine Erklärung, da Satan nix tun kann, das Gott nicht billigt und damit legitimisiert. "Allwissend" hat eine Bedeutung, wenn man das unlogische daran mal weglässt, genau wie bei "Allmächtig", beide gibt es ja (man lese dieses Buch) eigentlich nicht. Doch man muss die Leute ja da abholen, wo sie feststecken. Also allwissend heißt im religiösen Sinn, dass Gott alles weiß, auch das was der Teufel, Satan,... macht, machte und machen wird. Allmächtig heißt dementsprechend?!? Na, dass **Alle** jederzeit frei, glücklich, klug, im Paradies, allmächtig, allwissend,... sein können. Natürlich, falls Gott das will und gütig ist. Sonst könnte er ja genauso gut auch der Satan sein. Wer würde seine doofe menschliche, sogenannte "Freiheit" nicht aufgeben für eine als solche empfundene UND begründete und harmonische Freiheit im Paradies?!? Doch nur derjenige, der... dazu keine Wahl hat in einer Welt, in der

kein Gott existiert, und in der Ideologien und Religion noch existieren. Ideologien und Religionen, die nur wenigen nutzen. Also zieht auch das "Argument", der Mensch müsse sein Testergebnis selbst einsehen können, dafür den Test erleben, nicht. Denn Gott könnte dies überflüssig machen und wenn Gott gut wäre, könnte er alle Menschen gut und frei machen. Hölle, Strafe, Prüfung,... wären überflüssig. Unlogisch? Na klar, der kulturell, den Glauben betreffende Teil davon schon, der wissenschaftliche, logische nicht. Einzig ein nicht perfektes System, das Neues und wieder/noch aktuelles Altes in sich aufnimmt, beziehungsweise IST, und von der Umwelt/Natur/"Mensch" Stress ausgesetzt wird, den es bewältigen muss, um zu Überleben,... erklärt all dies derzeit befriedigend. Dieses Prinzip nennt sich **Evolution** und ist auch nicht mehr neu. Das Lebensprinzip der "blinden" Natur. "Evolution, ach Du meine Güte, daran darf/soll/will/... ich doch nicht glauben!!!", der Satz in den Anführungszeichen könnte einem sogenannten Gläubigen, so oder so ähnlich, ins Bewußtsein kommen. Aber das wäre nur eine mögliche Offenbarung der Glaubens-"Programmierung".

Verwandt mit der Annahme eines Testes ist zum Beispiel auch die Tatsache, dass viele Religionen und Ideologien Vorschriften, Regeln, Vorschläge für die Ernährung ihrer Gläubigen bereitstellen. Allein die Tatsache, dass Tiere sich ungern töten lassen ist schon merkwürdig, wenn man an einen allwissenden, allmächtigen und gütigen Gott glaubt. Wissen diese dreisten Tiere, diese Wesen, die ja auch sonst so grausam sind, vor allem die erschreckenden, blutrünstigen Lämmer, nicht, dass es eine Ehre ist, für Gott geschlachtet zu werden und der Krone der Schöpfung (der Mensch?) als Nahrung oder Opfer zu dienen?!? Eine Religions-Gläubige erklärte mir, die Tiere würden sich widersetzen, damit es ein "Opfer" ist, sie zu töten. Ok, die dummen Tiere verstellen sich für uns. Wäre es nicht ein größeres "Opfer", etwas liebenswertes zu opfern, das sich vielleicht auch noch uns zu liebe in sein Schicksal fügt, wie ein Freund, ein geliebter Teil unserer Selbst,...? Pervers!!! Ein Mensch in der Situation der Tiere hätte auch Angst, vermute ich. Würde er sich verstellen, damit der Metzger sich besser fühlt? Ein normaler Mensch hätte Angst, geschlachtet zu werden (und würde sie teils zeigen), aber die Tiere verstellen sich?!? Aber Mensch und Tier zu vergleichen, bei all den Parallelen, ist für die wirklich Religions-Gläubigen schon eine dreiste Angelegenheit. Das hätte auch zu viele Konsequenzen, moralischer Natur. Wer entdeckt schon gerne, dass er jahrelang ein "falsches" Verhalten gezeigt und verbreitet hat und auch von seinen Eltern, Pflegern,... angelogen wurde?!? Ein denkbarer Ausweg aus diesem Dilemma wäre, dass "Gott" (dessen Attribute sind bereits logisch, aber nicht unlogisch widerlegt) in seiner Weisheit das genau "rechte Maß" gefunden hat (diese Aussage prüfen!!!). Das hieße mal wieder, dass "alles gut" ist. Der Autor dieses Buches hier, wurde widerlegt. Leider ist es aber wahrscheinlich folgendermaßen: Bequemlichkeit und Angst vor der, nennen wir es mal wirklichen Wahrheit, fördern die Dummheit, die Gewalt, die Not, die wachsende Unfreiheit,... Kinder sind von Geburt an meist anders. Sie würden Fleisch als Nahrung oft zurückweisen, wenn sie selbst töten müssten, roh essen sollen, die Tiere erleben würden, mit ihnen vertraut wären, die Schlachthöfe gesehen hätten, die Umstände der Aufzucht der Tiere kennen würden, die Folge kennen würden, dass Tierzucht oft dazu beiträgt, dass Menschen hungern/verhungern,... Tierzucht ist auch eine Ursache der Umweltschäden, und das Misshandeln der Tiere bekommen wir unbewußt mit und wir fühlen uns als schlechte Menschen, was uns die klare Linie, die wir brauchen teils raubt. So dulden wir auch eher Unrecht an uns selbst. Die Kinder werden, wenn sich nichts ändert mit dem Unrecht leben und, da sie sich mehr oder weniger unbewusst schuldig und schwach fühlen. Dadurch dann selbst in Unrecht, dass ihnen und anderen Menschen angetan wird, eher fügen, "man kann es ja nicht ändern", sagen sie sich und anderen. Oder sie finden gar selbst Gefallen an der Macht, Qual, Angst, Unterdrückung. Fleisch kann gut schmecken, es ist ja auch zumindest potentiell gesunde Nahrung. In der Not, wenn es um das Überleben geht, wer würde dann nicht Fleisch essen?!? Dieses Thema lasse ich jetzt mal im Raum stehen. Ich werde sehen, wer sich auf welche Seite stellt. Selbstkritik ist ja nicht für jeden etwas.

PERFEKTION:
Könnte der allmächtige Gott die Menschen nicht alle gut machen? Testen muss er sie ja nicht, da er ja alles, auch über Satan, Teufel, Luzifer, Haftpflichtversicherung, Aktienkurse,... weiß... So würde er den Menschen eine Menge ersparen. Ach, die wollen nicht gut sein, diese Leute? Dann soll der Allmächtige es machen, dass sie gut sein wollen. Ach, dann wären sie nicht frei? Dann sollen die Götter/Gott es machen, dass deren Böses gut ist und keinen Schaden bei Anderen anrichtet und sie dennoch frei sind. Warum macht Gott Naturkatastrophen? Warum werden die Menschen krank? Oder warum schickt er den Satan bzw. lässt diesen gewähren, das zu tun, zu verursachen, um dann hinterher wieder heilen zu müssen, ob durch das Immunsystem der Menschen, Medizin oder Wunder,...?!? Testet er uns (nein!)? Nein, testen muss er nicht!!! Vielleicht erklärt die Wissenschaft das ja besser?!? Ja, tut sie größtenteils!!! Beten heilt seltener, als Medizin das heute vermag. Aber um das zu erlernen, muss man normalerweise mehr als <u>ein</u> Buch lesen!!! Schlimm, diese Wissenschaft (Ironie!)! Warum werden Werkzeuge immer besser, Menschen immer älter,... wenn Gott am Anfang alles perfekt geschaffen hatte??? Wäre es perfekt gewesen, wie hätten Adam und Eva,... auf Luzifers Trottelveräppelung reinfallen können??? Vor allem ohne dass Gott das will oder vielleicht mitbekommt. **Weil sie nicht perfekt, nicht glücklich, nicht göttlich,... SONDERN frei sein wollten UND wissen wollten, was besser als Perfektion ist!** Oh, DARAN habe ich gar nicht gedacht. :D
LEID:

(Vorsicht, auch hier setze ich teils das fehlerhafte Denken voraus, es gäbe Götter, Gott, Feen,... die allmächtig sind. Dies tue ich, um zu zeigen, dass ich mich auf solches einlassen kann, um den Kultur-Gläubigen auch die Unlogik **innerhalb** ihrer Systeme zu zeigen.)
Damit Gott/Feen/Götter "frei" von Schuld bleiben, haben sie ihre Knechte, Dämonen, Teufel, Dämoninnen,... daher ist der Mensch, sollte dieses Modell zutreffen, nicht frei in seiner Wahl. Auch weil die Götter/... die Bedingung(!) eines bestimmten Verhaltens stellen, des Gehorsams, der Unterwerfung,... ist der Mensch nicht frei. Und ein Gott/Götter, der/die allmächtig ist/sind, kann hoffentlich ein wenig mehr Phantasie aufbringen, als "Sado-Maso" für die Seele ("Seele", ein Begriff, der wahrscheinlich die teils "stoffgewordene" Gefühlswelt bezeichnen soll), um Menschen zu einem Weg zum Paradies zu bewegen. Oder sind die Menschen so dumm erschaffen, dass Gott sie nicht von so einem tollen Wunder überzeugen kann kann. Klar(?), die hungern lieber, kämpfen in aufregenden Kriegen, werden Täter und Opfer von Vergewaltigung, werden missbraucht, arbeiten bis zum Rentenalter, Lottogewinn, Tod,..., begehen "Sünden",... . Der/die SchöpferInnen hätte den Menschen VIELLEICHT ein wenig mehr Vernunft und Logik geben sollen, so wie er es tat, ist es anscheinend ein Fehler. Der Gläubige mag einwenden der/die SchöpferInnen machen keine Fehler. Dann soll doch mal die Welt erklärt werden. Warum geschieht der ganze Unsinn denn? "Weil Gott uns testet?" Muss er/sie nicht, er/sie ist allwissend. "Weil der Mensch ohne Fehler nicht lernt", und Fehler führen oft zu Leid? Das könnte ein allmächtiger Gott überflüssig machen, oder? Was an dem Wort "Allmächtig", aus gläubier Leute Sicht, ist so schwer zu kapieren? Und, nein, ich will Gott nicht zu einem gewissen Verhalten bringen. Ich skizziere nur die Logik(!). Aber die kommt ja immer vom Teufel/..., wenn sie Gott widerlegt. Und, leider wollen ja die sogenannten Gläubigen, durch Beten, Opfer,... erreichen, dass "Gott" etwas macht. Was die Opfer der unnötigen Quälerei, die die

Götter/Gott/... durchführen/durchführt, erdulden, ist ein Verbrechen. Und dass Gott/... sich selbst meist nicht die Hände (oder was auch immer) schmutzig macht, macht die Angelegenheit nicht besser. Er lässt in der Denkweise der Gläubigen die Menschen krank werden oder krankmachen, um dann den Heiler zu schicken. Klingt nach Arbeitsbeschaffung. Und sonderlich erbarmend ist auch das Leid im ständigen wiedergeboren werden oder in der Hölle leiden auch nicht. Doch die frustrierten Gläubigen, frustriert, weil für sie oft Probleme entstehen, die ihr Weltbild, weil es nicht so nah an der Realität ist, in Frage stellen, wollen oft, dass die Ungläubigen leiden. (Eine sogenannte Gläubige bezeichnete mich einmal als Gotteslästerer, weil sie nicht sonderlich viel begriff. Potentiell wäre sie klug. Sie kam auch mit einer sogenannten Anekdote. Sie erzählte mir, dass Gott, DA die Ungläubigen ihn manchmal hassen, ja auch für diese Ungläubigen existieren muss. Ha, wenn ich also auf etwas schimpfe, existiert es auch? Sie verstand nicht, dass Atheisten oder "Realisten", wie ich, häufig nur abklären wollen, wie frustriert (s.o.) die jeweiligen Gläubigen schon sind. Um die entsprechende, beruhigende und befreiende Kommunikation einzuleiten. Insgesamt deutet alles bloß darauf hin, dass Glaube ein Herrschaftsinstrument zum Dumm- und Manipulierbarmachen größerer Gruppen und von Kindern, sowie anderen Unwissenden, ist. Der Glaube führt so regelmäßig zu Unrecht jedoch auch noch zu anderen unnatürlichen Folgen, wie Kriegen, Unterdrückung,..., die Mächtigen werden tendenziell eher verschont. Das muss sich in einem gerechten Staat ändern, dort sollen ALLE möglichst verschont werden. Gleichheit gehört zu den wichtigen, wahrscheinlich immer gültigen Ideen und Grundsätzen. Auch Diktatoren, Könige, Päpste, Richter,... sollten für ihre bisher geduldeten aber begangenen Verbrechen zur Verantwortung gezogen werden. Geschieht dies nicht, ändert der König,... seine Strategie eher nicht. Dass Richter sich besser Überlegen, wie man Verbrechen verhindert, zum Beispiel, indem man

eine gerechtere Gesellschaft, mit mündigeren Bürgern, die einander kennen, behüten, stützen,... herbeiführt, WENN diese Richter für Fehlurteile, genau mit dem Maß wie Geiselnehmer, Entführer, Folterer,... bestraft würden,... das scheint zumindest mir plausibel. Ach, derjenige, der an einen verborgenen SINN des Ganzen glaubt und hofft, dass ich hier falsch liege, soll mir mal sagen, ob dieser SINN nicht auch in den tollen Texten oder mündlichen Überlieferungen zu finden sein sollte, und damit den Lesern/Hörern "dieser Texte" bekannt sein sollte. Aber "diese Texte" kennen ihn, den SINN, anscheinend nicht!!! Man schaue nur, wie die Religiösen, die Anwälte, Dealer, Soldaten, Brooker, Fabrikanten,... auf der Welt vorgehen... Einziger, <u>innerhalb</u> dieser von außen und realistisch betrachtet unlogischen Systeme, logischer, aber allein "Versuch" bleibender Ausweg aus diesem Dilemma, also in "deren" Logik, wäre ein oder mehrere Leben nach dem Tod, im Paradies oder Leben vor dem Leben. Dieses würde das Unglück die Gewalt,... irgendwie zu begründen, zu legitimisieren versuchen. Bloß, diese Gläubigen-Logik scheitert, da ein allmächtiges und gütiges Wesen oder mehrere davon, nichts vertagen mussen, nicht testen müssen, nicht quälen müssen,... . Es ginge gänzlich ohne Leid, wenn Gott/Götter allmächtig wäre und gütig handeln würde. Im Falle der Widergeburts-Gläubigen wäre es gut, wenn die früheren Leben und damit deren Richtiges und Falsches bekannt wären, so könnte das zur Orientierung dienen... Doch all dies ist bereits ausgeschlossen, wenn man das Buch bis hier gelesen und verstanden hat. Ich kann INNERHALB der Lügen der Gläubigen navigieren. Diese Gläubigen sollen das einmal mit meinem Buch versuchen. Ich bekomme von deren Zeug jetzt schon Angst. "TROTZDEM" zu glauben kann und will ich den Götter-, Schicksals- und Irgendwasgläubigen nicht verwehren. "Oje, sollte Logik gelten, dann müsste ich ja etwas lernen!" diese Einsicht, zu der kommen nur die Stärkeren.
In manchen Religionen oder Philosophien steht gerade

dieses **Leid** im Mittelpunkt. In **diesen** Weltanschauungen gibt es in der Regel auch keine Götter, keinen Gott. Doch, da es Freude, Glück, Zufriedenheit,... für viele Menschen, vielleicht irgendwann alle, geben kann, liegen diese auch sehr, aber (noch) nicht völlig falsch. Denn das negative "Leid" abzulegen, dem weltlichen zu entsagen, sich alles bewußt zu machen,... und andere Techniken dieser Kulte, sind sehr passiv und nach hinten gewandt. Sie blicken ängstlich nach "hinten", "unten", "zurück",... bewegen sich nicht mehr auf das mögliche Positive zu. Oft leben Repräsentanten dieses Menschenschlages soweit möglich, in Klöstern, Einöden, Einsamkeit, Armut, Abgeschlossenheit,... oder in irgendeiner anderen Form enthaltsam. So vermeidet er/sie Situationen, die Zweifel an seiner Sichtweise erzeugen könnten.
GLÜCK: Wiederum nur eine Seite der Medaille. Das Vorhandensein des Glückes kann man so umdeuten, dass alles zum Glück streben soll. Dass Glück das absolute Ziel ist. Das ergibt, wie beim zuvor besprochenen "Leid" in einem elaborierten System einen SINN. Doch ist dieser SINN nur Theorie und halb. "Alles" gehört zum Leben. Solche Simplifizierungen, wie: "Alles ist schlecht" oder "Alles ist gut",... erzeugen keine berechtigterweise beständigen UND keine berechtigterweise funktionierenden Systeme. Denn denen wird immer etwas Entscheidendes fehlen. Nämlich der Realismus. Man gerät duch einseitige Betrachtung zu keinem vollständigen Modell. Was nicht bedeutet, dass solche Systeme nicht abschnittweise logisch sein können, denn selbst manches Schlechte, wie die Unterdrückung der Frau, die Zerstörung der Natur,... haben "gute" Seiten. Zumindest für manche, für mich nicht wirklich.

Angst polarisiert. Die Einen werden passiv, die Anderen werden aggressiv. Das fördert eine Auslese der extremen Enden. Die stark Passiven kommen teils nicht voran oder sind "Opfer". Die stark Aggressiven geraten auf Abwege und erzeugen oft weitere Angst. Ein Teufelskreis, selbst für

Ungläubige. Leider machen Ideologien/Religionen, die auf Strafe, Weltende mit Gericht, Hölle, urteilende/n Gott/Götter, Überwachung, Todesstrafe,... bauen, Angst. So erhalten diejenigen, die diese <u>Angst</u> kontrollieren, Macht. Die so aneinander-gebundenen werden tendenziell unzufrieden, ängstlich und sehr viel gewaltbereiter auf der einen, Seite. Andere, derzeit weitaus mehr, werden durch die "Antworten" etwas ruhiger und gönnerhaft. Das "guter Cop", "böser Cop" Modell wirkt auch hier oft "Wunder". Filme, die schlimmere Dinge zeigen, als die Höllen,... der Gläubigen traditioneller Religionen schildern, "befreien" auf Dauer manche Leute vor der Angst der Religionen.

Es geht leider oft um Macht. Andere Ideologien können zwar wirklich für sehr viele gefährlich sein, doch meist sind sie zuerst eine Bedrohung für die Mächtigen der jeweiligen anderen Gruppen. Diese Mächtigen könnten ihre Schäfchen, Herde, Blutbank, ihren Harem, ArbeiterInnen, Ernährer,... Steuerzahler,... verlieren. Macht man andere Gruppen, egal, wie deren Ideen, Glaubenssätze,... aussehen, zum Feind, kann man mit Hinweis auf diesen, die eigenen Leute verängstigen. Es entstehen Radikalisierung, Angst,... und interessanterweise rücken die Mitglieder jeder Gruppe für sich zusammen, notgedrungen. Doch der "Andere" wird so immer fremd/fremder, angsteinflößender,... Ähneln die Gruppen sich zu sehr, oder ist die Macht und "Freiheit" der anderen größer, ist der Teufel daran schuld, oder so. Leider leidet die nur in wenigen Wahlmöglichkeiten bestehende "Freiheit", zudem die Wahrhaftigkeit,... sehr unter diesen Konflikten.
Das Positive am Natur-Glauben ist, dass er Hoffnung in schweren Lebenssituationen liefern kann. Doch dazu muss man nicht an ganze Religionen "glauben". Und fast jede/r "glaubt", selbst Atheisten, Agnostiker und Nihilisten,... diese "glauben" teils einfach: Nicht, oder nichts, oder nicht an Götter, oder daran dass sie selbst und/oder Andere es nicht wissen (können)... (vorsicht, Gefahr eines Paradoxon!) Doch

wenn die Hoffnung zu Starre führt, zum Erdulden von Unrecht, zum Tolerieren von Leuten, die nicht sozial sind... viele weitere Situationen sind vorstellbar, ist Glaube hinderlich. Stünden die Menschen zusammen und wären nicht religiös, wäre Hoffen oft überflüssig, weil viele Konflikte und Barrieren, die die Menschen voneinander trennen, wegfallen oder nicht mal entstehen.

> Irgendeine Antwort auf eine Fragestellung kann besser sein, als keine Antwort zu besitzen. Doch DIE richtige Antwort ist das Beste, Unverbesserliche. Ich beziehe das in erster Linie auf Religion und Ideologie, also weite Bereiche der Kultur.

Glaube an Religion, Götter, einen Gott,... ist auch immer teils eine Show. Sie lässt Rollen entstehen, von Menschen eingenommen. Diese glauben an die Rollen, oder werden nur gezwungen, so zu handeln, als wären sie keine normalen, ursprünglichen Individuen, sondern etwas "Anderes". Sie "*sind*" den eigenen Rollen UND Masken, durch Gruppenzwänge und eigenes Wünschen, es gäbe derzeit tatsächlich diese Götter, gerechtes Gesetzesrecht, freie Staaten,... welche die Missetaten der Kultur-Gläubigen rechtfertigen würden, **ausgeliefert**. Kultur-Gläubige tun, wie alle normalerweise (im natürlichen Sinne) gesunden Menschen, lieber Gutes. Sie tun es aber nicht immer und allein aus Ihrer Güte, sondern Teils aus Angst,... vor ihren Angebeteten Göttern,... So ist der Mensch nicht mehr ganz, nicht Individuum, sondern wird gedemütigter, demütiger Teil einer Masse und das Gute aus Angst zu tun, kann zu Hass führen.
Menschen tun oft aus Imponiergehabe so, als wären sie stark. Teils um einen möglichst starken Partner zu finden. Um Feinde abzuschrecken. Aber auch, um selbst daran zu glauben, sie wären stärker, als sie es tatsächlich sind. Doch das hindert am Lernen,. Warum soll ich denn auch lernen, wenn ich supertoll bin oder wenn meine Götter sowieso die

Größten sind,... UND wenn die Wahrheit ganz einfach "glauben" ist...?!? :D
Man wird durch Wissen, das man nicht hat, immer in Frage gestellt. Der Glaube an sich und die eigene Überlebensfähigkeit wird ungern hinterfragt. Das mindert nicht nur die Motivation zu lernen, sondern macht bestimmtes Wissen und Wissende für Kultur-Gläubige zu einer Bedrohung.

Arbeit, Locken aus der als nicht mehr sicher empfundenen Natur, Kommodifizierung von Sexualität, Macht, Fähigkeiten,... um Kultur an Stelle der Natur zu etablieren, wovon die Reichen und Mächtigen profitieren, massive Zerstörung des Ursprünglichen, Enteignung von Allgemeinbesitz, Entrechtung der Schwachen, durch Gesetze, die man dann "Recht" nennt, die aber Unrecht sind. Zweifel an den Ursprünglichen, noch als die "wahren" Gefühle angesehenen Verhaltensweisen, wie Liebe, Freundschaft,... haben das folgende zur Folge: Das (begründete!) Gefühl, etwas falsch zu machen.
ALLMACHT:
Hier wurde bereits gezeigt, dass die Allmacht von den Bedingungen, die die Logik stellt unmöglich ist. Um es zu mit einem weiteren Beispiel wiederholen, stelle man sich einen allmächtigen Gott vor, der "nicht(-)existieren" kann, oder etwas "nicht-tun" kann. :D ... Wer im alten, fehlerhaften Sinne, den ich hier mal aufgreife, allmächtig und gut ist, kann die Allmacht auf Andere übertragen, ohne selbst an Macht einzubüßen. Wäre ja All(!)-Macht. Aber das ist nur so, wenn die Logik mal einen Moment außer Acht gelassen wird. Und das geschieht nur in psychophysikalischen Extrembedingungen, in "meinen" extremsten Gedankenmodellen, zu der Lage vor und nach der Entstehung eines neuen Kosmos.
Ja, irgendwelche Leute, vielleicht eine einzige Wesenheit oder eine Tücke des Systems,... "will"/"wollen" Macht. Wissen anzuwenden ist eine "gute" Möglichkeit, Macht

auszuüben. Angst und/oder Lust treiben und/oder locken den Menschen aus der Natur. Diese nimmt Schaden, die Umwelt und der Körper, die Psyche. Lügen produzieren falsches Wissen, doch auch dieses kann Macht herbeiführen. Wissenschaft führt manchmal zu Erkenntnis und oft weiterführenden Fragen und zu Macht, die falsch eingesetzt werden kann. **Ideologie, Religion**,... führen zu **Träumen** großer Macht, dies verführt die/den Eine/n, der oder die dann andere **verführt**. Alles meist im Namen des "Guten". Man sagt nicht unrichtig, der Weg in die Hölle sei mit guten Absichten gepflastert. Glücklicherweise kann man auch diese geplasterten Wege in beide Richtungen begehen. Aha, das Universum soll einen Schöpfer benötigen, der benötigt, so legt man es mal fest aber keinen Schöpfer oder gar ein Universum... Wäre Gott allmächtig, wäre er und das von ihm vor seiner eigenen Existenz geschaffene Universum schon immer da. Das kommt einem anfangslosen Schöpfungsprinzip nicht nur nahe. Die Setzung, dass es einen Anfang gegeben haben muss, den Gott oder sonstwas darstellt, die einen Anfang um zu simplifizieren markieren soll, wird so hinfällig. Außer man glaubt trotzdem.

Sollte das Beten der Menschen Gott als Energiequelle dienen, WARUM, wenn er allmächtig ist??? Woher hatte er vor der Schöpfung des Menschen die Energie?!? Und kostet es nicht mehr Energie, Menschen zu erschaffen, als... ihre Gebete zu absorbieren oder was-auch-immer...???

Dass euer Glaube ein Werkzeug ist, welches häufig gegen euch oder zumindest für Andere benutzt wird, wäre eine VERSCHWÖRUNGSTHEORIE, welche meiner Meinung nach zu 99,9% zutrifft. Selbst wenn der Zweck nur Einschüchterung, Kumpanei oder überwiegend unsinnige Beruhigung der Gläubigen sein sollte, oder sie zu zufriedeneren Arbeitern macht. Ich bin froh, dass ich ein Gamma bin. Wer nichts mit seinem Glauben erklärt, außer hypothetisch, sollte ihn für sich behalten, sonst kommen

vielleicht Missverständnisse, Konflikte, Größenwahn,... oder Arbeit für Andere, die diese Fehler korrigieren müssen heraus.
Da es mittlerweile Leute gibt, die mit wenig oder ohne viel Arbeit ausführen zu müssen, überleben können, kommt es zu seltsamen dissozialen Einstellungen. Diese Leute brauchen einen Ersatz für das Gefühl der Sicherheit, welches einem die Arbeit, die Kollegen, Kunden,... geben, einfach das Gefühl, dass sie gebraucht werden. Dieser Ersatz kann Geld, oder jedes Gedankenmodell, welches Ungleichheit rechtfertigt, sein, wie viele Glaubenssysteme das darstellen. Doch dieser Ersatz wird von vielen erst als "wirksam" empfunden, wenn man stetig mehr davon erhält, beispielsweise durch Wiederholung, Missionierung, Lesen der immer gleichen Texte, Gebete, Unternehmungen... vor allem in Gruppen gleichgesinnter oder naiver, junger,... Menschen . Ohne Ersatz für das Sicherheitsgefühl kann man schnell leiden, krank werden, klammern, kriminell, drogensüchtig, ängstlich, spielsüchtig,... aggressiv, träge (man begründet, man hätte z.B. körperliche Arbeit nicht nötig, weil man klüger, härter, erwählt,... oder sonstwie besser sei),... werden.
Gerade die Medien, die das Gefühl von Macht geben, Filme, Musik, Symbole für Status,... sollen in der "eigenen" Kultur Angst nehmen. Da gibt es Information (man wird in eine Form gebracht), Konfrontation und Rückzugsmöglichkeiten vor der Angst. Angst macht Natur, andere Kulturen,... Dafür schickt man Botschafter, Kundschafter,... um Natur und Naturmenschen und anderen Kulturen angehörende zu sondieren, irritieren, ängstigen,... dabei Sicherheit, Macht auszustrahlen, Reinheit umzudefinieren,... zu bekehren, durch Angebote von Geld, Konsumgütern, Arbeit, Coolness (Kälte, Härte, scheinbare und tatsächliche Stärke), Reinheit, Nahrung, Heilung,... Das ist für sich gesehen nicht immer schlecht. Doch so machen wir alles "platt" und wir zerstören Vielfalt, Diversität,... für virtuelles Leben, für

scheinbare Vielfalt. Toleranz wird nur der eigenen Kultur angehörenden, integrierten Leuten, Praktiken,... wirklich gewährt. Das solche Medien süchtig machen, liest schwache und mitfühlende Menschen im Sinne einer Auslese der Fitten (Angepasstesten), aus. Das ist schade und sollte aufhören.

Logik wird manchmal nur dann als Methode akzeptiert, wenn sie die Religions-/Gott-/... Gläubigen stützt. Kritik ist ja "böse" ;) . Wer sagt, Gott als Konzept sei nicht zu begreifen, hat teils recht. Denn etwas, was man nur psychologisch deuten kann, und der Logik nach nicht wirklich existieren kann, verstehen zu wollen... kann krank machen. Aber, dass man Aussagen treffen kann, zeigt dieses Buch. Demnach ist die besagte Aussage über das nicht-verstehen-können Gottes eine Aussage derjenigen, deren Verstand noch etwas wachsen muss. Für viele dieser Leuten sind Theorien der Naturwissenschaften, selbst wenn diese zu brauchbaren Ergebnissen führen, nicht objektiv genug oder nur Zufallsprodukte oder sie erklären "bloß das "WIE" nicht das "WARUM". Ok, dann sollen sie das "WARUM" mal benennen! Das ist für sie nämlich Gott,... kann aber genauso ein Kobold sein, ein Roboter, eine Blume,... ein nasser Keks,... . Gott oder Götter stehen für...WAS??? Unsinn, nicht komplett widerlegbar, weil nicht vorhanden?! Nahe dran oder Treffer!

Religion eint teils, um zu entzweien. Dies trifft nicht zu auf eine "perfekte Religion", die ohne machtgierige/willkürliche/... Angsterzeugung, Unsinn,... auskommt. Und nein, ohne weiterhin religiös zu sein, verfällt man nicht zwangsläufig in mehr Sünde, wird nicht pervers, oder böser,... Nein, man wird nur freier und mehr man selbst, wenn man mutig ist und aufpasst... Das Gedankengefängnis der Religion hat mich wütend gemacht, wie so viele Gläubige. Also, außer man will irgendetwas demonstrieren, ausleben, das man zuvor unterdrückt hat und das sonst zu Missionierungsversuchen bei Anderen, psychischer Selbstkasteiung und anderem Unsinn, Schlechtem und auch manchmal Gutem hätte führen können, ist man ohne Glaube besser dran, wenn man einen Ersatz hat, wie Wissenschaft. Denn Kultur zerstört nicht immer nur die Natur, die Natürlichkeit,... sie muss ja auch etwas Konstruktives bieten. Sie bietet Antworten, die Angst und Lust machen. Das alles, damit irgendwer Macht, Besitz,... hat. Sie ist die Krankheit **und** die noch miserablere, fehlerhaftere, unvollständigere Heilung. Nur ein Zweck rechtfertigt sie teils: Leute, die NIX kapieren können oder nichts kapieren wollen UND nicht andere damit anstecken, die sollen mit der einen Antwort leben und sterben: Ja, es gibt den roten, blauen, gelben Kobold, Widder, Regenbogen,..., er hat alles erschaffen,... und er liebt Dich.

Sollen die Gott/Götter-.Gläubigen doch ihre Wahl auf Gott treffen und aufsteigen ins Paradies und damit die Welt von einer Menge Problemen befreien. Natürlich sollen sie nicht gewaltsam weg. Nur die Klappe halten, wenn sie nichts logisch Sinnvolles zu sagen haben, gebt ihnen einfach dieses Buch, wenn sie nerven. Von dem immer gleichen Unsinn bekommt man ja das Gefühl, man hätte einen Knoten im Kopf... Falls es schwer fällt, mein Buch zu verstehen, könnte dieser Knoten, ob durch Beten oder Gehirnfärbung verursacht, "schuld" sein. Denn durch diese Routine muss ich mich auch wiederholen, "Gott-sei-Dank" (kann ein Mensch Gott erzürnen, beleidigen,...?) gibt es die Druckerpresse und andere Methoden, die mein WORT vervielfältigen.

Wir sind nicht frei, gerade wenn wir Religionen,... glauben. Wir müssen atmen, essen,... so oder so handeln,... die Freiheit ist größtenteils eine Illusion. Da die Götter uns selbst, wenn wir die Freiheit hätten, derzeit nicht immer so gut behandeln, wie wir wollen... und da Religion/... uns noch mehr in Unfreiheit bringt, und auch unser Verhalten sehr oft negativ beeinflusst,... reden wir besser nicht von wirklicher

Freiheit. Die sehr oft unzufriedenen, religiösen Leute, sind halt frustriert, wenn sie merken, dass sie eigentlich nur durch die von den Klugen derzeit gewollte, bestehende Dummheit und den Terror, den viele Kulturen verbreiten, etwas unbeständige Macht haben. Da sie oft unfreier als "Normalos" sind, sehnen sie sich nach Macht, danach, Angst, aber eigentlich, wie fast alle Anderen, Liebe zu verbreiten. Leider tun sie dies vor allem, indem sie Andere bereden, missionieren,... fast immer mit Strafe drohend und mit Lust und "Liebe", Sicherheit in der jeweiligen Gruppe lockend, **verführen**(!).

Warum es nicht einen oder mehrere Götter geben kann ist logische Folge, der bis hierher erarbeiteten Thesen, man sollte sie nur gelesen und verstanden haben. Denn ohne Allmacht (unmöglich, s.o.) und/oder Allwissen (siehe Allmacht) ist es ja kein Gott, oder? Die angebliche Güte als göttliches Attribut macht das All-macht/wissens-Zeugs erst richtig absurd. Wenn Götter/Gott uns Freiheit gegeben hätte, warum nicht dann den Weg, diese Freiheit zu erkennen und zu verwirklichen? Religion ist, man nehme die herkömmlichen Konzepte, kein Weg. Wir haben nur bedingte Freiheit. Und gerade, wenn wir die Konsequenzen unserer Handlungen mal erkennen oder das Erkennen nur hineininterpretieren, sind wir ganz und gar nicht frei, weil wir in der Regel das "Gute" für uns und Andere wünschen und herbeiführen wollen. Das will sogar die "normale" Religion im Normalfall. Doch diese hat oft Vorstellungen, die rückständig sind. Das liegt daran, dass Religionen alte Vorstellungen konservieren. Diese kollidieren mit neuem Denken, anderen wissenschaftlichen Möglichkeiten. Religionen haben oft erst, wenn man viel sucht und dann hineininterpretiert, eine angepasste, etwas passendere "Meinung". Das Alte Denken ist nur selten gut. Ein Vorteil dieses Konservierens ist, dass so das Neue vergleichend bewertet werden kann. Dahingehend, ob es eine Verbesserung ist.

Ach, und auf solchen Schwachfug, wie Gott wäre am Anfang der Schöpfung gewesen und habe alles geschaffen, da alles einen Schöpfer brauche... Ok, dann hat schonmal eines keinen Schöpfer und zwar Gott. Also ist es doch möglich, dass etwas ohne Schöpfer auskommt. Und dies, mit Schöpfer/n am Anfang ist keine erklärende Erkenntnis, sondern eine so nicht logische Setzung, in der mangelnden Vorstellungskraft der Menschen begründet. Eine, die das Denken leichter macht, beziehungsweise befriedet. Doch "leicht" ist hier nicht richtig. Funktionierende Fakten betreffend das Universum können gerade Gläubige der meisten alten Religionen kaum erklären. Das ist eben der Unterschied zwischen Glauben und dem durch Kultur bisher missbrauchbaren Werkzeug Wissenschaft.

Um gegen die sog. Gehirnwäsche (die aber eine Gehirn-Beschmutzung darstellt) der Religion, mit sog. Gottesdiensten, Gruppenzwängen zu bestimmten Behauptungen, Wiederholung von sog. Glaubenssätzen, Drohung mit Gewalt, Ausschluss aus der Gemeinschaft,... mithalten zu können, muss ich auch vieles wiederholen. Das tut mir sehr leid für den aufgeklärten Leser.

Ist es wahrscheinlicher, dass erst etwas einfaches entstand, aus dem Nichts (!) und sich dann durch verschiedene Kombinationen von Energie und Stoffen komplizierteres entwickelt? Wie zum Beispiel Kinder erst die einfacheren Dinge lernen oder/und begreifen und dann die komplizierteren... Oder war am Anfang sofort ein allmächtiges, allwissendes Wesen, welches dann so fehlerhaftes Zeug, wie Menschen, Tiere und Pflanzen schuf??? Vor allem die Krone der Schöpfung, von der derzeit nicht einmal geschätzt 25% der Gebildeten die mathematische Wurzel aus "7" erklären und ziehen können. Falls das Böse doch, ich vergesse noch mal den ganzen Text bis hier, von Gott kommt oder von ihm toleriert wird... kann er das bitte nicht sein lassen?!? Wäre genial und für einen Allmächtigen leicht, oder? Warum ein Allmächtiger mehrere Tage zur Erschaffung der Welt benötigt, oder ein Allerbarmer unnötiges Unrecht zulässt,... "aua, mein Kopf!"

Sollte/n der Gott/die Götter alles, auch das Unlogische können, sind sie dem Menschen NICHT vorstellbar. Doch dass sich der Mensch ein Bild von diesen Göttern/diesem Gott macht, kann fatale Folgen haben. Glücklicherweise haben die Weltreligionen Texte hinterlassen, die einfach widerlegbar sind, zumindest Abschnittsweise. Ein Wesen oder mehrere, die absolut allmächtig sind, sind/ist schon eine menschliche Vorstellung. Haha... Witzig. Wer sich das Unvorstellbare vorstellen kann, sage zuerst: "Schnickeldischnackeldischnuckibuckibuckibuck!" Sorry, habs schon gesagt. :'(Aber das heißt ja nix.

Man sagte mir, man habe sich mittlerweile darauf geeinigt, "Gott" sei nicht allmächtig, allwissend,... und er/sie ernähre sich von der Anbetung. OMFG, OMFFG,... Ja, was macht er/sie denn dann nützliches? Klar, Beten beruhigt, wie Meditation,... das ist ja auch ok so. Doch, setzt man einen Gott als Zweck, Ursache, Motivation,... ist man nicht mehr selbständig, wenn man nicht acht gibt. "Gottes Gerechtigkeit" kann einen überholen, "Gottes Wille" kann den eigenen vergessen lassen, "Gottes Erkenntnisse" können eigene klein erscheinen lassen,... selbst, wenn all dieser "Gotteskram" nur auf dem Unsinn der Ahnen, Eltern, Vordenker aufbaut. DAS kann Gutes, Neues, Lösungen verhindern, WENN Leute vor den Erkenntnissen der Ahnen, Klugen,... stehen und resignieren, denken: "Das kann man nicht besser, richtiger,... machen!". Doch dies zu denken ist eventuell ein wenig doof.

Ich kann (99,9%+1/∞%) nachweisen, dass Gott nicht existiert. Sorry, ich kann (99,9%+1/∞%) nachweisen, dass der Gott der derzeitigen Weltreligionen nicht gut ist. Ich kann auch erklären, wer mit (99,9%+1/∞%) Sicherheit am

Weiterbestehen der Religionen, Sekten,... schuld ist und woher sein Interesse kommt, das so zu halten. UND warum muss meine Stärke, die Möglichkeit eines Irrtums meinerseits übrig zu lassen, als Schwäche interpretiert werden? Bloß, weil ich Thesen erst prüfe und dabei ehrlich zu mir bin? Bloß, weil ich ca.100% erst nach langem Prüfen und Lernen erreicht habe und nicht verstehen kann, wie andere so schnell beim Glauben auf "150%ige" Sicherheit kommen. Psychologisch klärt sich das durch ein Sicherheitsbedürfnis aus Angst und/oder Dummheit, eine Kompensation. Oder man muss "einfach Vertrauen haben" und Gott nicht für Hunger, Krieg,... sondern nur das Überleben der Auserwählten verantwortlich machen. Es ist so einfach, so leicht. Keine Bücher mehr lesen, nicht mehr lernen, nicht mehr verstehen, rechnen,... einfach: GOTT. Oh, toll!!! :P

> **Wenn ein allmächtiger Gott gegen die Logik ist, ich aber an ihn/sie glaube, irre nicht ich sondern die Logik. Logisch!!! :D**

Wer sogar zugibt, dass die Wege des "HERRN" unergründlich sind, sagt damit: "Ich weiß auch echt nicht, was ich mache."

1.1.2 Gerechter,... STAAT?

Demokratie ist, wie Kommunismus und andere Ideen, NOCH NIE gänzlich realisiert worden, das ginge auch nur in kleinen Staaten, in denen wenig bis keine Anonymität herrscht.
Witzig ist, bei heutigen "Demokratien" noch folgendes Beispiel: 66% der Bevölkerung gehen in diesem Fall wählen. Davon wählen 66% die später regierende Partei oder Koalition. Von denen kennen 66% das Regierungsprogramm. Zu 66% verstehen sie es und zu 66% sind sie damit einverstanden... Das ließe sich weiter fortsetzen. DOCH die Wähler würden, da sie "ja gewählt haben" zur Regierung oder nicht ganz gegen sie stehen, weitestgehend.
Rechnen wir einmal den einfachen pessimistischen Fall durch:
0,66 (%-Satz der Wähler) x 0,66 (%-Satz der Wähler, die die stäörkste Kraft wählen) x 0,66 (%-Satz, die mit dem Parteiprogramm sympathisieren) ≈ 30% der Bevölkerung "bestimmen" diejenigen, die das Land regieren. DAS ist dann nicht die Mehrheit!!! (Natürlich sind von den Nicht-Regierungs-Wählern und Nichtwählern auch wahrscheinlich manche mit Teilen des Programmes der späteren Regierung einverstanden.)
Wer nicht wählt, bringt auch nicht eine Schuld an einer späteren schlechten Regierung mit. Der Nichtwähler illustriert, dass er sich nicht ausreichend angesprochen fühlt. Oder im schlimmsten Falll ist er zu faul zur Wahl zu gehen, weil ihm die wahrscheinlichen Ergebnisse recht sind. Etc., etc., ...

Staat   ~~demokratisch~~
                                           ~~frei~~
                                           ~~gerecht~~
                                           ~~sozial~~
                                           ~~friedlich~~
                                           ~~sicher~~

Demokratie, Kommunismus,... wollen Dir Mitbestimmung vorgaukeln. Welches Gesetz hast Du schon Vorgeschlagen? Über welches Gesetz direkt abgestimmt? Welches Gesetz hast Du aus den Gesetzbüchern streichen lassen? Wie sieht es mit Politikern aus? Wurdest Du für ein politisches Amt vorgeschlagen? Hättest Du es angenommen? Hast Du mal einen Kanzler, eine Kanzlerin gewählt? Oder einen Präsidenten? Oder eine Politikerin abgewählt? Oder,... oder oder!!! Hast Du Dich in diesen freien Ländern um eine Staatsangehörigkeit kümmern müssen? Konntest Du diese frei wählen? Oder wurde Dir eine vom Staat, Deinen Eltern,... draufgedrückt? Du hättest eh keine andere Staatsangehörigkeit gewollt? So ein Zufall (Ironie!)!?! Unglücklicherweise sind die Themen, die in Kindheit, Schule, TV, Internet,... vorgegeben werden zu mindestens zwei Dritteln Themen, die eine Bestimmte Sichtweise erzeugen sollen. Bei Konsumenten, die man besser User nennt, auch wenn sie häufig nicht nutzen, was genutzt werden kann und sollte. Bei Produzenten, ich nenne sie Produser, sieht es ähnlich aus. Mal wieder ist das, was nicht gezeigt, gesagt wird, bedeutsam. Hättest Du nicht auch Probleme damit, wenn 99% der Bürger Deines Landes eine Partei wählen, die einen unnützen, ungerechten Krieg anfängt? Und ALLE (100%) Wehrfähigen werden dann als Soldaten berufen. Mitbestimmung (fast?) aller Menschen wäre technisch machbar. Menschen, die bemerken, dass ihre Entscheidungen etwas bewirken, würden auch täglich ein, zwei Fragen beantworten, ihre Meinung zu Gesetzen,... betreffen. Der gläserne Bürger wird sowieso bald für viele Realität sein. Warum nicht ALLES, nach einer guten Begründung, transparent machen, um den Besitzern, Sammlern,... der Geheimnisse die Macht zu nehmen.

Nun zu den Ideologien, die häufig ähnlich wie Religionen aufgebaut sind. Der Glaube an die Nation ähnelt sehr dem Glaube an eine Gottheit. Ebenso gilt dies für den **Glauben an den Staat, Gesetze, Steuern, Politik, Gewerkschaften**,... Die **Gewerkschaften** mit ihren Streiks,... dienen als eine Art Ventil für den Unmut der Arbeiter. So wie es gehandhabt wird, ist das von Gewerkschaften erstrittene (fast?) immer ein fauler Kompromiss, der den Arbeitern weniger nutzt, als er es sollte, und er schadet damit auf die Dauer den Falschen. Denn die Lücke zwischen Arm und Reich wird vergrößert. Und Arbeit wird im Streik teils nicht getan. Die Kunden werden teils geschädigt. Dies wäre durch schlichtende Gerichte besser lösbar. Auf Basis von Transparenz. Die Löhne sollten sowieso an Leistung, Bedarf,... gekoppelt werden und auch sinken können. Am Besten wären global vernetzte, gerechte Preise und Löhne. Das Internet macht dies doch möglich. Solches Kasperletheater, wie Streiks sollte man den Kindern gönnen, im Sommer, bei gutem Wetter (dieser Satz ist (k)ein Scherz!), und dann, wenn die Chefs auch etwas Angemessenes erdulden. **Politik**, das weist in Europa zum Beispiel auf die **sogenannten Demokratien** und ich meine nur die sogenannten Demokratien, nicht die echten (von denen mir sicher nur spontan keine einfällt). Diese richten sich kaum nach den Bedürfnissen und eigentlichen Wünschen des Großteils der Bevölkerung. Der Wille des jeweiligen "Volkes", Volk ist eine Konstruktion, wird durch Medien abgelenkt, zerstreut, umgelenkt, "erzeugt". Ein Begriff "Volk", das nicht alle Menschen meint, ist schon irgendwie Rassismus. Die Politik dient überwiegend den Reichen und Mächtigen, das kann der ganzen Bevölkerung eines Landes, eines Kontinents dienen, tut sogar dies in der Regel jedoch nicht oft. Es hilft nur wenigen, wie gesagt den Reichen und Einflussreichen. Dass die Staaten oft extrem große Verbünde sind, macht deren Strukturen und Aktionen träge, ungenau und plump. Das hat Nachteile, wie Anonymität bei vielen, Einsamkeit bei

vielen,... . Aber all das macht diese Staaten auch mächtig. (Dumme Leute sind kontrollierbarer, das soll keine Anleitung sein, Leute dumm zu halten) Dies gilt für die Macht zu schädlicher und unfairer Konkurrenz gegenüber im Vergleich armen Regionen. Und für die Macht, zu den die Unabhängigkeit der reichen Staaten erhaltenden **Agrarsubventionen**, welche andere Volkswirtschaften belasten. Dies gilt für wirtschaftliche "Kriegsführung", mit Zerstörung von Natur, Schädigung der Gesundheit der ArbeiterInnen, Abbau von Freiheit,... . **Subventionen** erhalten in Ländern mit hohen Löhnen die Landwirtschaft, die Rüstungsbetriebe,... (teils mehr als) konkurrenzfähig. Leider schaden sie öfters der Wirtschaft in schwächeren Regionen. Für den sogenannten **Kommunismus** gilt ähnliches, wie für die sogenannten Demokratien. Die "*Heilsbringer*" dieser Ideologien verschulden eine Spaltung der Menschen in unterschiedliche "Interessengruppen" (in Anführungszeichen, weil dies NICHT oft im wirklichen Interesse der Leute ist) oder besser Glaubensrichtungen???. Und dies begründet unterschiedliche Versuche, die **Zivilisations-Krankheit** zu heilen, die sie selbst verursachen. Einigung ist schwer, da jeder von seinem "Guten" überzeugt ist. Hört sich nach einer guten Theorie an, was ich hier schreibe... genau das selbe denken Milliarden von Leuten auch über ihre Ideen, Ideale, Ideologien, und natürlich funktioniert das praktizierte Modell/System nur nicht richtig, weil es "**falsch verstanden**" wird und wurde.
Man benötigt einen Austausch über die Mängel, **ein Modell**, das transparent und positiv beeinflussbar funktioniert, Tests, Feldversuche,... Oh, ich mach noch einen: Juristische **Gesetze**, die von der unsprünglichen, natürlichen Gerechtigkeit abweichen, werden manchmal, auch oft zu Recht, als Unrecht angesehen. Außerdem sind sie oft noch unvollkommen, auch, weil die Welt, der Mensch,... sich wandelt und dadurch bisher immer Lücken bleiben und entstehen. Zwangsläufig sind sie auch wirklich unrecht, wenn Leute Schwachpunkte ausnutzen, die entstehen, weil es

immer, aufgrund des Fehlens einer Klausel, die generell so etwas sanktioniert, diese Leute gibt, die diese Schwachstellen nutzen. Doch ohne solche Personen, mit Verstand und "Augenmaß",... würde man selten die Gesetze ändern müssen oder allzu viele neue erstellen. Auch hier kann ein Simulator viel Unrecht vermeiden (lernen) helfen. Andere, bessere Lösungen sind wahrscheinlich möglich.
Rollen sind ein Phänomen, welches all dies erst "trägt". Polizisten sind Menschen, die eine Rolle spielen. Der innere Abgleich von Hard-/Wetware-"Programmierung" sowie Software-Programmen also Natur und Kultur, schreibt sich in den Köpfen der Leute immer weiter um. Das führt zu Phänomenen, dass die Betroffenen oft selbst nicht wissen, wie sich ihre und anderer Leute Diskussionen, Situationen,... entwickeln. Vor allem, wenn sehr unterschiedlich "programmierte" Parteien, Individuen,... aufeinandertreffen. Interessant ist zudem, dass sich die immer gleichen Fehler teils über Jahrhunderte bis Jahrtausende wiederholen.
Ablasshandel wird eigentlich abgelehnt, doch gibt es teils Organisationen, welche vermitteln, sie würden Gutes bewirken, was auch teils stimmt. Ich meine Organisationen, die Armen, Hungernden, Kranken, Vertriebenen,... im Notfall helfen. Oder gar ganzen Staaten "Hilfe" in Form von Geld, Lebensmitteln, Waffen,... überlassen. Doch **wirksame** Hilfe ist nicht wirklich erwünscht. Man stelle sich vor, die, denen geholfen wird, werden zu einer wirtschaftlichen, militärischen,... Konkurrenz!

Manche **Medizinprodukte**, welche wie manche **wissenschaftliche Erkenntnisse** dem Allgemeinwohl allein dienen sollten, es jedoch nicht tun, sondern der Wirtschaft, der Politik, dem Militär, den Geheimdiensten untergeordnet werden, werden und können häufiger Probleme hervorrufen. Zeitweise kann gute, notwendige Medizin sich aus Profitgier nicht durchsetzen.
Außerdem gibt es gar Leute, Staaten, denen Kriege nutzen. Dies ist nur bedingt gut für das Allgemeinwohl. Mächtige

Waffen sind wichtig, dennoch erfordern sie die entsprechende Reife, mit ihnen *umgehen* zu können, beziehungsweise den Einsatz *umgehen* zu können. **Sünde** und **Karma** sind Versuche, das Leid so vieler Menschen durch vergangene Schuld/Fehler zu begründen. Doch wären genau die (armen/geplagten/kranken/...) Menschen schlecht, würde kaum jemand von diesen versuchen, z.B. gerade bei denen, die diese Schuld unterstellen, den Religionen, ein "guter Mensch" zu werden, außer sie glauben Gott so hintergehen zu können. Denn selbst wenn dieser "Böse" bei den Religionen unterschlüpft, kann er dann ja schlecht glauben, dass die Sache mit der "Schuld" stimmt, Gott aber nicht existiert oder nicht mitbekommt, dass er weiter "böse" sein wird/will. Man hat ja auch keine Sicherheit, dafür, dass und wie man bestraft wird. Die Ängste erzeugt man in der Fantasie. So wird auch dieses Konzept genutzt, die Leute für staatliche Arbeit, sogenanntes Gemeinwohl,... aber damit Krieg, Ausbeutung, Hunger-Erzeugung,.... einzuspannen. Und was schlimmer ist, so macht man Angst vor zum Lernen notwendigen kleinen Fehlern. Das allein wäre ja nicht so verwerflich, wenn das nicht das Lernen verlangsamen bis verhindern würde oder die Fehler sich verdeckt anstauen. Und die Leute leben so in ständiger Angst vor neuem, möglicherweise "bösem" Verhalten, (r)evolutionärem Neuem insgesamt wird so misstraut, manchmal zu Unrecht. So bleiben die Leute in der Religion ohne notwendige Zweifel, weil sie überwiegend nur eine Seite und einfache Antworten lernen. Das schützt das Immunsystem, man ist im Durchschnitt seltener krank. Auch psychische Krankheit ist seltener. Auf Kosten der Entwicklung der Psyche und des Immunsystems, welches so auch nicht recht "lernt". Wenn nicht genau die Arbeiter, die Schwachen, Dummen, kleinen Gläubigen, Einfachen,... dadurch benachteiligt würden, ginge es ja. Doch die Reichen und Mächtigen sahnen nicht nur zu viel Geld ab, sondern vor allem Zeit, Kraft, Gesundheit,... der schwerer (oft aber nicht qualifizierteres), mehr, unangenehmeres, schädlicheres,... Arbeitenden. Zum

Karma ist noch zu sagen, dass die Götter,... den Menschen perfekt hätten machen können oder ihm zumindest immer vorher sagen sollten, was er im Moment falsch macht oder im letzten Leben falsch gemacht hat und wie man das geradebiegt. Die Religionen sind da aus vielen Gründen teils Hilfe, teils Verursacher der Not. Darum geht es in weiten Bereichen dieses Buches, doch Systeme der Staaten, Konzerne,... sind auch teils recht übel.
Nun,-die Leute wollen gern etwas dafür tun, damit ihnen nichts schlimmes geschieht, ihnen oder (manchen?) Anderen. Die Angst davor wird teils mißbraucht, ausgenutzt. Gerade Religion, Ideologie,... will zu diesem fehlerhaften, missbräuchlichen Verhalten innerhalb und für besagte Systeme, **verführen**. Das sollte den Anhängern, Sympathisanten zu denken geben. Auch hier versuche ich, zu verbessern. Karma, also eine Form des Konzeptes "Schicksal", kann man als Mensch in Geschehnissen der Realität sehen, da der Mensch gerne SINN in den Dingen, den Ereignissen sehen will. Auch Glück und Pech kann man in die Begebenheiten des Alltags hineininterpretieren. Doch im Grunde geschieht das aus Ohnmacht. Es soll das Gefühl von SINN erzeugen, das Unvorhersehbare kontrollierbar erscheinen lassen. Karma hat weniger feste Eigenschaften als das Konzept Gott. Daher ist es weniger greifbar. Doch lassen sich sämtliche karmischen Phänomene psychologisch erklären. Was nicht heißen soll, dass es nicht eine MACHT Schicksal gäbe. Doch verhält sie sich nicht mysteriös, sondern folgt Naturgesetzen, Logik und so weiter, daher funktioniert sie. Doch beeinflussbar, verstehbar,... ist sie (noch?) nur teils. Sucht man nach SINN, wie einem Karma, kann man dies fast immer in Situationen hineininterpretieren. Doch falls man so drauf ist, sollte man das mal 24/7 versuchen. Das zeigt dann die Absurdität des Ganzen. Die Sicherheit, welche aus einer positiven Grundhaltung zum Karma folgen kann, wird auch immer mal wieder durch Verunsicherung aufgewogen, falls man "Pech" hat. Das kann zu noch mehr "Pech" führen. Manche kennen das vom

"Pech" verfolgt zu sein scheinen. Karma als Idee folgt vielen Prinzipien des Götterglaubens. Das verstärkt die Intensität von Überzeugungen und Zweifeln, die damit zusammenhängen. Und das bewirkt eine Verstärkung der Auslese von talentierten, eher Glücksmenschen und selektiert tendenziell Pechvögel aus. Das ist zu fies und zu viel Unrecht. Man sollte sich und Anderen dies als mögliche Erklärung bewusst machen und tendenziell dagegen vorgehen, wenn Leid geduldet wird, das vermeidbar wäre. Denn ich bin gegen Gruppenzwänge, Mitläufertum, Copyright, "Datenschutz(!), ungeregelten Umgang mit missbrauchbarem Gedankengut,... Doch dazu komme ich noch...

Falls das, was ich schreibe verwirrend klingt, kann ich nur sagen: Klar, weil ich WIRRE ZUSAMMENHÄNGE erkläre, die teils über Jahrtausende so wirr gemacht worden sind. Das ist ja ein Grund dafür, dass diese Religionen, "Philosophien", Ideologien,... so lange Bestand hatten. Dass das, was ich schreibe hier etwas durcheinandergewürfelt aufgelistet ist, liegt an meiner Unlust, meinen Text immer und immer wieder zu lesen und zu strukturieren. Das wird aber besser, ich lerne. Dass ich mich teils "in" die Religionen hereintraue, z.B. Ab und an mal ausklammere, dass ich "Gott", Karma, usw. schon ganz oder überwiegend widerlegt habe. Das tue ich um Unlogik <u>innerhalb</u> anderer Bereiche aufzulösen, und das wiederum führt zu scheinbaren Widersprüchen <u>in</u> der Logik, daher bitte ich, der Fehler hat und macht aber lernen will, um Verständnis (Genaugenommen kann ich Religion nicht widerlegen, da es Religion (noch?) gibt. Ich kann auch "Gott" nicht widerlegen, weil es Wesenheiten, Gedanken und Personen, vielleicht Dinge geben kann, die so heißen (die man so nennt, genauer gesagt). Ich kann nur Inhalte, Aspekte und Eigenschaften dieser Ideen, Konstrukte,... widerlegen, mittels Logik. Diese Widerlegung ist gültig. Sollte ich "Gott" damit ärgern, einengen, schaden,... tut mir das Leid. Er kann

sich ja melden. Ich konnte, wenn er/sie/es eine Anklage erhebt, nicht auf andere Ergebnisse kommen, aufgrund der Datenlage. Ein "Gott" findet das sicher nachvollziehbar und amüsant. Hilflose Menschen könnten sich aufregen, gerade, wenn sie sich sehr hilflos vorkommen. Auch das tut mir Leid, doch ich fühle mich der wahrscheinlichen und logischen "Wahrheit(?)" und den Menschen, die durch Dummheit versklavt werden, verpflichtet. Auch wenn ich als Mensch nur versuchen kann, wahrhaftig zu sein. Die Logik, die ich verwende halte ich so einfach, dass ein durchschnittliches 10-12jähriges Kind das meiste daran verstehen wird, wenn es bis dahin Zugang zu freier Bildung gehabt haben sollte und diese gut nutzte ODER einen PC,... Lehrer,... der funktioniert nutzen kann.)

Kultur trennt Menschen, schleicht sich durch Gehirnbeschmutzung, Verwirrung, anhäufen von Lügen, Angstmache bei Kritik, fehlenden oder unpassenden Humor,... in die Köpfe ein. Es wird auch das gänzlich falsche gelernt und gelehrt. Teils werden diejenigen, die ein schlechtes Gefühl bei der Sache, dem Problem,... haben,- komplett herumgedreht. Also so manipuliert, dass sie sich und Anderen aus Angst oder für Macht, Geld,.. Sex schaden. Oder sie nützen nur ihresgleichen. Sie verdrängen, verleugnen,... dass sie falsch liegen. Sie vergessen das begründete Gefühl, dass sie etwas Falsches machen, erleben,... Die Kultur ist teils ein "Geschwür" in der Natur und im menschlichen Bewusstsein wird dies als Komplex, als Konflikt mit der Gefühlswelt,... erlebt. Dieses Geschwür kann in etwas "gutartiges" verwandelt werden. Doch dazu muss die Täuschung aufhören. Manche glauben ja fast schon ohne Zweifel daran und werden so nicht besser, nur anders. Und das (fast?) immer in schlechterer Weise. Lügen können gut sein, wenn sie eben nicht verunsichern oder falsche Sicherheit bei vorhandenen Auswegen vorgaukeln. Die Staaten sind wie Lebensformen. Leider sind sie derzeit oft krank, ungerecht, mangelhaft,... Hier ein Weg zur Heilung.

Ich habe es nämlich satt, ständig mit immer kränkeren Menschen zu tun zu bekommen. Psychologen doktern nur an den Symptomen herum. Sie sagen, die Ursache könne man nicht beheben. Das ist unwahr und schadet, da Resignation ausdrückend und Schädliches bewahrend und nährend, dem Allgemeinwohl. Vielleicht gibt es ja Götter dennoch und sie sind allmächtig und allwissend, doch nochmal: Wären sie allwissend, könnten sie wahrscheinlich nichts mehr lernen... könnten sie nichts lernen, wären sie nicht a... Vielleicht können sie ja auch nur nicht denken und daher begreifen sie irgendwie nicht, dass sie gar nicht so sein können, wie wir uns das so teils wünschen. Wir hätten halt gerne eine Sicherheit dafür, dass uns nichts passiert, wenn wir nur brav, gehorsam, unschuldig,... oder so, sind. Beten beruhigt auch ohne Gott. Terror hat ohne Gott einen Grund weniger, auch wenn manche Leute vielleicht ausrasten, wenn sie kapieren, was dieses Buch hier bedeutet. Gerade die Frauen, ihrer alten Rolle fast gänzlich beraubt und allzu häufig als Putzfrau, Gebärerin,..., neuerdings als mordende Soldatin,... missbraucht, statt inneren Frieden zu erfahren und zu vermitteln. Klar, auch Frauen dürfen als Soldatinnen, Metzgerinnen, Boxerinnen,... arbeiten. Aber das "Recht" zu verletzen, zu töten,... haben sie auch als Frau nur selten. Solche Missetaten sind auch mit der sogenannten Emanzipation nicht oft richtig. Zumal **Nationalismus** quasi immer Rassismus ist. Staaten und Völker gehören ebenfalls zu den Ideen, die den Menschen von anderen Menschen, Ideen,... trennen. Und Kultur ist auch hier noch allzu destruktiv. Ich hoffe, dass ich manche Menschen, Leser, Zuhörer,... bis hierhin schon auf einen Grund, auf dem sie stehen können, gebracht habe. Doch falls dem nicht so ist, die folgenden Kapitel werden helfen, dies zu bewerkstelligen.

Klar "kümmere" ich mich nicht nur um die alten Ursprünge der Staaten und anderer Gemeinschaften. Ursprünge, die ja die Religionen mit ihren Regeln darstellen. Nein, Staaten haben sich schon länger getrennt von Religion entwickelt, zumindest manche. Zwar ist das auch nicht immer allzu gut, aber... Damit meine ich, dass auch die fortschrittlichsten Staaten nicht frei sind, sonst würden sie uns ja, sobald wir das können, frei entscheiden lassen, ob wir ihnen angehören wollen. Und ja, manche Menschen können das entscheiden, jetzt schon, doch nicht jeder und nicht wirklich frei. Die Kinder sollten mit diesen gemeinen "Spielchen" aufhören, spärestens im Rentenalter sollte der ein oder andere ein wenig kapieren.

Die Vertreter der Staaten müssen verantwortlich gemacht werden für ihre eigenen Fehler und Verbrechen. Wird ein Angeklagter zu unrecht eingesperrt, muss, sobald das herauskommt, der schuldige Richter in Therapie, und Entschädigung leisten, bei aufgedeckten Fehlern auch in größerem Umfang, die **Gleichheit** gebietet das. So würden sie vielleicht etwas vorsichtiger. Privatbesitz, der nicht vom Besitzer erarbeitet wurde oder über "ein gesundes Maß" hinausgehend geerbt wurde, ist Diebstahl bzw. Raub, da alles von Natur her allen gehört und niemandem. Und das führt oft zu Unrecht, ist selbst meist Unrecht. Im Grunde ist die komplette derzeitige Gesellschaft ein kriminelles "Gewächs". Politiker, die nur das "eigene" Volk bereichern, müssten, um ein weiteres Beispiel zu nennen, wegen unterlassener Hilfeleistung, wegen Beihilfe zum Mord,... oder aus ähnlichen Tatbeständen gemaßregelt werden. Aufgrund der negativen Folgen mannigfaltigen nrechts für (fast?) alle, müssen die jetzt noch Armen UND Reichen angemessene und gleiche Chance auf Besitz, Arbeit, Bildung, Wahrheit,... bekommen. Die Unterschiede, die die Natur mitbringt, dürfen nur maßvoll Nachteile erzeugen. Der Mensch muss lernen, die Unterschiede, die Vielfalt zu lassen und die Nachteile dennoch zu beheben. Mittels sinn- und maßvoller Medizin, Technik,... beispielsweise. So etwas zu fördern, versucht dies Buch. Das muss nicht utopisch sein, nicht Science-Fiction bleiben. Weiterhin: Die Religionen sollen, wie andere Traditionen, Handwerk,... nicht aussterben. Man kann sie im

Spiel erleben. Man kann sie simulieren, in Rollenspielen. Man kann Parks und Reservate ein- sowie errichten, wo sich Schauspieler oder hartnäckige Trotzköpfe der Darstellung dieser Systeme widmen, beziehungsweise, wo sich die letzten Zivilisations-Gläubigen der Ausbeutung ihrer (Schein-)Mitbewohner und ihrer, ohne Folgen für Unbeteiligte, ruinierbaren Umwelt widmen können (dies ist nur teilweise als Scherz gemeint).
Ernsthaft an Demokratien, in denen die Politiker zu viel Macht haben, diese zu oft missbrauchen, keine Transparenz herrscht,... zu glauben, das bringt nicht so viel, wenn man es erst einmal verstanden hat. Dass dafür Klüngel und destruktive Konkurrenz,... die nicht die wirklichen Interessen der Bevölkerung vertreten, Lügen,... zu Krieg (ver-)führen, Natur zerstören oder dabei helfen oder es anderswo verursachen, ohne dass der Reichtum gerecht verteilt wird,...aufhören müssen, ist nachvollziebar, oder? Den Wählern keine Wahl zu lassen und nicht jedem die größtmögliche Chance zu geben, sein Leben so zu verbringen, zu leben wie er, soziales Verhalten bei ihm vorausgesetzt, es will,... wem nutzt das? Die Menschen gegen Andere aufbringen, mit halbgarem Grund oder ohne. Wer treibt das voran? Diejenigen, die uns unser Leben aushauchen lassen, nur um "unseren" Kindern mehr Probleme und sinnlose Arbeit zu hinterlassen. Wie gesagt: Ich bin nicht gegen Menschen, obwohl diese so handeln. Ich arbeite für möglichst viele, maßvoll-konstruktive Alternativen im Denken, Handeln und Fühlen. Die Ausbeutung, das Wachstum der Ökonomien und Bevölkerung auf Kosten der Natur, sowie auf Kosten der Zufriedenheit vieler,... all das nutzt nur wenigen derzeit wirklich. Die Gewinne an Produktivität mittels Arbeitsteilung, Technik, Prozessoptimierung, Akkord,... werden an die Masse der Arbeitenden nicht ausreichend weitergegeben. Dieses Unrecht erzeugt einen Drang, es durch mehr Arbeit, Ausbeutung, Raubbau,... und damit erzeugte Güter, Besitz,... auszugleichen. Doch auch diese werden wieder ungleich

verteilt. :(:(:(Diese Kombination stellt demnach eine Praxis dar, welche man abwandeln oder abschaffen muss. Es ist eine Teufelsspirale in einen Konsumrausch, der PERMANENTEN SCHADEN herbeiführen kann. Man soll vielleicht einfach einmal im Urlaub einen Slum, eine bewohnte Mülldeponie,... in einer armen Region besuchen und man sieht eine ein wenig schlechtere Variante der Zukunft der Arbeiter in der noch zu recht sogenannten ersten Welt.
Wir sollten erwägen, gemeinsam **für** Alternativen zu arbeiten, zu denken. Die Angst und Resignation, die die Medien verbreiten, soll uns als Menschheit nicht mehr trennen. Ob es die Nachrichten oder die Krimis, Horrorfilme,... oder virtuelle Spiele sind. Witzigerweise wissen oftmals nicht einmal die Produzenten solcher Information, was sie da genau tun.
Oder die Richter, Politiker, Manager, Polizisten,... sie sehen sich als "erwählte Wesen", die von irgendwem, vom Volk, vom Parlament,... ist im Grunde fast egal, berufen wurden, "Recht" zu sprechen, zu deligieren, zu denken, zu lenken, zu schießen,... . Also, wenn mich irgendwelche Leute für etwas (aus-)wählen, dann darf ich über Andere Strafen,... verhängen??? Man muss nur vorher ein Gesetz erlassen, das das rechtfertigt? Wenn wir also gleiches Recht für alle gelten lassen, wäre es denkbar, dass ich auch über alle urteilen kann, ihnen Land, Geld,... und Nahrung schwer zugänglich machen oder abnehmen darf, sie für Hungerlöhne arbeiten lassen und... andere Verhaltensweisen aufdrücken darf,... und das besonders bei denen, die mir und anderen Unrecht, Schaden,... zufügen. Dann darf ich sie wirklich einsperren, arbeiten, therapieren,... lassen? Auch wenn es fast die gesamte Bevölkerung betrifft, ja!!!
Auch die Richter in anderen Regimen sind von der Richtigkeit ihrer Taten ausgegangen und tun es noch. Selbstjustiz oder/und damit Unrecht ist das im Grunde oft. Auch gerade, weil viel Kriminalität durch einen gerecht

konzipierten Staat vermieden werden könnte, ist dies niederträchtig. Tiefgreifendes Verständnis für viele Verbrecher und ihren Werdegang aufzubringen, das schaffen viele Richter nicht, sie sind teils sehr froh darüber und bemerken das Blut an ihren Fingern nicht. Wie soll man über etwas, jemanden urteilen, den man nicht versteht? Demjenigen gar sein Leben ruinieren, das zu häufig zudem schon unschön war. Klar muss man an die Opfer von Unrecht denken. Doch Verbrechen beginnen beim Verbrecher und beim Verbrecher beginnen sie meist im Kopf. Wie kommt das Stehlen (Privatbesitz der normalen Bürger ist oft zu Teilen schon der Allgemeinheit gestohlen worden), die Gewalt (Soldaten bekommen Trophäen für ihren manches Mal blutigen Job. Metzger töten weitestgehend wehrlose Kreaturen, terils nur, weil sie schmecken), der Hass (Staaten machen andere Staaten arm und berauben sie dann für wenig GELD (Papier, virtuelle Zahlen,...) ihrer Ressourcen), die Lieblosigkeit und Angst (faule Erzieher drohen mit Gott und Teufel, Dämonen, Engeln,... um Kindern keine Liebe entgegenbringen zu müssen; Zeit füreinander, für die eigenen Kinder, gar, wird immer kostbarer und seltener, da manche den Reichtum aus dem System horten, "saugen", Lieblosigkeit ist so immer häufiger anzutreffen),... wie kommt das alles in die Köpfe der Kinder, die Verbrecher werden??? (Rhetorische Frage)

Alles dient im Grunde der Evolution. Die Methode, das zu bewerkstelligen ist unter anderem die Auslese. Der Mensch hat Teile der Prinzipien verstanden und wendet sie auch an. Jedoch führt dies dazu, dass die Natur Probleme kompensieren muss, die der Mensch damit auslöst. Dabei wiederum lernt der Mensch neues über die Natur. Er dringt leider auch durch sein „Halbwissen" in Bereiche der Natur vor, die er besser nicht anrühren sollte. Im Großen und Ganzen gibt es zwei große Auslesebereiche, welche ebenso Prinzipien darstellen. Auslese der Schwachen und Auslese der Starken. Die Auslese der Starken, welche beim

Menschen eine Sonderstellung bildet, ist weitestgehend unterbunden worden. Seit der Mensch die Fähigkeiten der Starken für Kultur-Systeme, wie Staat, Kirche, Sekten, Kunst,... nutzt, ist dies vermehrt so. Andere Prinzipien sind **Können** und **Imponieren**. Krankheiten zu überstehen gehört ebenfalls dazu, gar diese zu meistern, ob physisch oder psychisch. Denn wir lernen mehr aus Krankheiten, als uns bewusst ist. Mikrokosmos und Makrokosmos sind in der Natur miteinander verbunden. Die Natur lernt und analysiert ihre Umwelt, wie sich selbst. Sie wird sich ihrer selbst bewusst, durch Leben **und** (Nah-)Tod. Menschen werden wie Sonden, Crash-Test-Dummies, benutzt, so sich eine Gelegenheit für Neues bietet. Opfer werden in Kauf genommen. Gerade seit die Kultur dies forciert, gibt es eine kleine, zusätzliche Evolution des Menschen, die seines Bewusstseins und der Kultur. Da der Mensch so die Tuchfühlung zur Natur aufgibt, werden sich Konflikte zwischen Kultur und Natur häufen. Zwei oder mehr getrennte Evolutionen wären denk- und vorstellbar. Doch vieles hiervon, ich meine diesen Abschnitt, ist noch Hypothese.

Wieviel Unrecht ist in der Kultur erlaubt? Anscheinend "recht" viel. Die Kultur schreibt die Regeln dafür, was sie wünscht und was sie untersagt, dreist, und definiert: Was die Kultur stiehlt, tut sie zum Wohle des Volkes. Wen sie tötet, den tötet sie zum Wohle der Kultur,... Und wenn Kinder, deren natürliches Streben es ist, neugierig, Grenzen testende Wesen,... zu sein, um der Natur, der Art,... zu dienen, diese neuen Regeln brechen, weil sie das Unrecht, das Morden,... nicht verstehen, nicht verstehen, nicht verstehen, dass dahinter egoistische, eigennützige,... kurzsichtige Motivationen stehen. Nicht verstehen, warum der eine "darf" und der Andere nicht. Vielleicht Sympathien und Verständnis für "Kriminelle", "Unterdrückte", "Gehänselte (der arme Hänsel!)",... entwickeln,... . Und wenn diese Kinder dann Regeln, die man nicht 100%ig vernünftig begründen kann, verletzen, sind sie zur Therapie,... in die Zelle zu bringen. Sie sollen sich bessern, bei dem Unsinn, der unter dem Aspekt, der Selbstsucht, Machtgier,... logisch scheint, mitmachen. Zum Wohle der Menschheit, zum Wohle des Volkes,... aber in Wahrheit nur für wenige Mächtige, Reiche. Mächtig und reich durch Gehirnbeschmutzung, Medien, Drogen, Kriege, Waffen, Privatbesitz,... Doch die Kriminellen, als heilbare Krankheit, (nicht unbedingt als Kranke) sind zumindest noch notwendig für eine Orientierung der "Normalen" im Staat, in der Kultur,...und eine hoffentlich daraus folgende, leider bisher zu starre und damit dumme, Optimierung der derzeitigen Systeme.

Auch in den Naturwissenschaften wird manchmal "getrickst", was Missverständnisse auslösen kann. Man nehme mal die Chaostheorie. Diese ist nur eine vereinfachende intellektuelle Konstruktion! Sie sagt im Grunde: Es gibt Zusammenhänge, die zu messbaren Ergebnissen führen, jedoch nicht kausal nachvollziehbar sind. Doch mir ist gewiss: Es gibt (immer?!) die Kausalität! Zu sagen, die Ursache von Ereignissen wäre "chaotisch", nur, weil man sie (noch?!) nicht rekonstruieren, berechnen,... kann, führt meiner Ansicht nach in die Irre. Oder die sogenannten "Schwarzen Löcher". Diese sind hochmassive Materieballungen. Das Gegenteil eines Loches! Oder würden sie eine Stelle an ihrer Hose, wenn sie eine tragen, als Loch bezeichnen, weil sie zwar Dreck anzieht aber total fest und dicht ist? Oder "dunkle Materie", welche nicht dunkel ist. Oder...

Ehrlich, ich finde es zu geringen Teilen auch witzig, dass die Universitäten, Schulen, Ausbildungsstätten eine "Aura der Kompetenz und überlegenen Qualifikation" auszustrahlen scheinen. Aber "witzig" finden Menschen leider häufig Dinge und Zustände, die anscheinend existieren, doch irritieren. Die sie komisch- seltsam finden, die sie verunsichern. Das ist ein Riesenpotential für Humor und auch Unrecht. Aufgrund der Ungleichheit, die der in diesem Umfang ungerechte Privatbesitz auslöst, sind Anwälte und Richter, sogenannte Juristen, die dies dulden und gar verschlimmern, (in gewisser Weise?) Verbrecher. Von Politikern und Vertretern von Staaten, die die Armut global nicht beenden, obwohl dies leicht und einfach derzeit möglich wäre, was den Tatbestand der "unterlassenen Hilfeleistung" darstellt, ganz zu schweigen. Dass diese Armut mindestens 90% der Weltbevölkerung schadet, aber den Mächtigen doch sehr nutzt, erkläre ich hier im Buch. Sollte Armut, sollte Unrecht,... so bleiben und die Symptome der Krankheit Zivilisation durch immer Neue Flickschusterei kompensiert werden, wäre das ist nicht gerecht und nicht gut. Insbesondere, weil man alternativ nur EINMAL die Ursachen beheben müsste. Dass der übermäßige Konsum, den die Wirtschaftswissenschaftler bearbeiten, deuten und lenken lernen, durch Umweltzerstörung Rückzugsräume, also Refugien, Heimat, Reichtümer, Sicherheiten,... vieler Menschen zerstört, ist ein Armutszeugnis. Das die sogenannte Unabänderlichkeit dieser Zustände hingenommen wird, ist kein Zeichen von Engagement, Fleiß, Idealismus, Konstruktivität, Liebe,... insgesamt also zudem ein intellektuelles und emotionales Armutszeugnis. Dass Psychologen die Folgen des Wahnsinns behandeln und sich bemühen, die Opfer und andere Menschen, welche **das Ergebnis** dieser gesellschaftlichen Schizophrenie (!) darstellen, in diese kranke Gesellschaft zu integrieren, ist schier skurril. Die Psychologen haben so zwar gute Aussicht, nicht so bald arbeitslos zu werden. Doch besser und möglich, das zeigt dieses Buch, wäre es, die **Ursachen** des Wahnsinns und Unsinns zu beheben. Oder Soldaten, die Menschen töten und verletzen lernen, um Reichtum, Religion, Ideologie, Macht, Ressourcen zu erobern oder verteidigen. Das **verschlingt** Reichtümer, die FÜR Menschen einsetzbar wären..., von Tod, Verletzung,... auch Unschuldiger einmal nicht abgesehen. Oder die Verurteilung und Therapie von denjenigen "Verbrechern", die durch Systemfehler teils zu Geisteskrankheit und in die Kriminalität

getrieben werden, oder gerne Verbrechen begehen lernen. Die aber nichts anderes tun, die sich das gleiche "Recht" zu töten, verletzen, stehlen,... herausnehmen, wie der Staat. Ich will gerade **kein Faustrecht** und **kein** (z.B. durch Staaten,... und Polizei repräsentiertes) **"Recht des Stärkeren"**. Ich will möglichst viel Gerechtigkeit.
Oder die Ausbeutenden "Arbeitgeber" (die im Grunde die Arbeit der Arbeiter **nehmen**, demnach die eigentlichen Arbeitnehmer sind), welche die Arbeiter weit mehr arbeiten lassen, als diese müssten. Denn bei den technischen und wissenschaftlichen Mitteln von heute wäre ein Bruchteil der geleisteten Arbeit genug, für jeden Menschen die Möglichkeit zu schaffen, gut zu leben. Klar, wir müssen alle einmal sterben, doch weil wir vermutlich nichts in ein jenseitiges Reich mitnehmen können, sollten wir dennoch bemüht sein, uns und Anderen nicht zu sehr zu schaden und eine gute Basis für die Zukunft der kommenden Generation zu hinterlassen.

Natürlich kann ich aufgrund der 6000 Jahre, in denen der Unsinn geschaffen wurde, nicht auf alle "Komplexe" und Widersinnigkeiten eingehen. Daher fordere ich euch zur Mitarbeit auf. "Man nehme das Gebot, welches ein Verbot ist und verbietet, dass man neben Gott andere Götter hat. Ohne andere Götter, die neben dem "einzigen"(?), ginge das gar nicht. Das Gebot ist demnach schlecht formuliert, falsch oder... " Ungefähr derart sollte man vorgehen. Viel Spaß und vergesst nicht, dabei auch immer mal konstruktiv zu sein. Und BITTE: Korrigiert meine Fehler.

Gruppen beruhigen und beunruhigen ihre Mitglieder und auch ihre Gegner teils.

Hierarchische Systeme haben automatisch Verlierer. Diese werden sogar für ihre Taten bestraft. Schlimm!

1.2 Status Quo in Verbindung mit Beispielen

> Die Juristen, Priester, Politiker, Kriminellen, Revolutionäre,... und ihre Taten, Texte, Worte,... verwirren ab einem gewissen Moment durch mangelnde Logik,.... Das liegt an der Natur dieser Texte, Medien, Institutionen, Berufe,... sie sind meist "viel zu lang und kompliziert UND teils "gestört"". Sie stellen eine Barriere für diejenigen dar, die nicht Zeit und Verständnis aufbringen, diese Erkenntnisse als weitestgehend überflüssig für freundliche, natürliche,... Menschen zu erkennen. So schaffen sich Experten Vorrechte, Arbeit,... Berufe. Und ein Instrument der Kontrolle, sowie Auslese der vermeintlich Schwachen, Fleißigen, Einfachen, Beschäftigten, Doofen,... und ähnlicher Gruppen oder Individuen und Paare. Die Realität wird gar verborgen hinter falschen oder verzerrten "Erklärungen", welche nicht klären, sondern nur Sicherheit rauben, da sie erforderlichen Wandel durch Verkomplizierung der Handhabung verhindern oder erschweren. Diese Doppelzüngigkeit und Doppelmoral macht viele Ohnmächtig und mündet in Ungerechtigkeit.

Versuch den teilweise "reinen Tisch" dafür zu nutzen, etwas logischeres und bewiesenermaßen **Besseres** (siehe 1.1) zu schaffen. Doch ebenso **die Aufforderung an die Leser und Andere, ebenso kreativ zu werden.**

> Der größte Vorteil, den das Modell des Glaubens und Regierens unter den Regimes von Staat, Glaubensgemeinschaft, Wettbewerb, Kultur,... hat, ist, dass recht bekannt ist, wie es anscheinend abläuft. Das Modell,-man hat sich damit arrangiert. Doch die Mängel existieren und wachsen. Das ist erschreckend.

Was kann man alles glauben? Was kann man wissen? Man muss damit rechnen, dass es Leute gibt die ihr mehr, entscheidenderes,... Wissen und Können gegen Andere, meist fremde Menschen, einsetzen. Oder die Unwissenden nicht über ihre Fehler aufklären, da die Mächtigen von deren Fehlern profitieren. Manche Leute denken: Klar liegt meine Religion richtig, auch wenn ich nur daran glaube und gar nicht viel über diese weiß. Und, klar, alles entscheidende Wissen, auch wenn ich nicht alles kapiere... oder gar: **weil** ich nicht alles kapiere,.... steckt in dem Wissen und Denken meiner Religion, meines Staates,...! Nun, dann wäre es ja Dummheit, andere Bücher zu schreiben oder zu lesen. Ist das so? Solches blinde Vertrauen in Religion, Staat ist "nett", aber missbrauchbar. Sollte man **mein** Buch verbieten? Weil es in den Augen mancher ein Dorn ist? Naja, eigentlich mache ich ja erst auf den **aufstachelnd**en Dorn aufmerksam. Die Augen sind schon ohne mein Zutun recht wund, gar gereizt und zugeschwollen. Solche Augen können böse blicken oder bereits für vieles blind sein. Gut, dass es dies Buch gibt, das den Dorn entfernen helfen kann!!! Ich bin nur hilfsbereit. Das ist eigentlich nicht sehr weise, nicht völlig vernünftig und zeugt nicht von viel Verstand. Aber es ist logisch, gut gemeint, fleißig und mutig. Das attestiere ich mir mal selbst. Und, eine weitere Schwäche muss ich mir attestieren: Ich ignoriere Ignoranz, bzw. Ich toleriere keine Intoleranz. So mag ich es nicht, wenn kluge oder weniger schlaue (aus was für Gründen auch immer...) für ihre Dummheit (die sehr klug sein kann) oder Schlauheit (die sehr dumm sein kann) diskriminiert werden. Ich gehe zum Spaß mal in die Schöpfungsgeschichte der sogenannten Christen. Die "Genesis" der "Bibel": Gott hat dort den Menschen zweimal zum "ersten Mal" erschaffen. Naja, aber das ist ja noch "verzeihlich". Nein, Gott hat den Menschen perfekt erschaffen, klar. Aber der perfekte, also fehlerlose Mensch ist von der "Schlange" verführt worden! Also, wenn ich perfekt bin, mache ich keine Fehler. Aber vielleicht ist Gottes Perfektion eine andere. Und, wie gesagt, Satans Trotteltrick wirkt anscheinend so verzaubernd, dass einige Leute noch heute daran glauben, dass es geschah. Doch, wäre der Mensch nicht perfekt erschaffen worden, auch das habe ich schon erwähnt, wäre eine Bestrafung, auch weil ein allwissender Gott von der Verführung etwas mitbekommen muss, sehr unfair. Aber vielleicht ist des biblischen Gottes Fairness eine Andere. Und wenn alle Menschen von Adam und Eva abstammen, nur mal am Rande erwähnt, wäre dazu eine extreme Inzest notwendig, das ist im Alten Testament zwar noch weitestgehend übliche Praxis, heute dagegen ist das selbst unter besagten Christen eher verpöhnt. Ich kann verstehen, dass man eher aus Inzest und einem Klumpen Lehm entstanden sein will, als dass man von affenähnlichen Lebensformen, über Fische von Bakterien her stammen will. Aber die Genetik ist eine funktionierende Wissenschaft. Diese beweist, überprüfbar, wiederholbar, dass die derzeit existierenden Affen, gerade die sogenannten Menschenaffen zu über 95% das gleiche, identische Erbgut besitzen, wie Menschen. Das sollen die Christen mal widerlegen. Da bin ich sehr gespannt.

Außerdem: Wenn das Erbgut der Menschen auf _eine_ Ur-Mutter zurück zu verfolgen wäre, würden es die Religiösen bestimmter Religionen gerne glauben. Doch geht es weiter zurück, über Affenähnliche usw. glauben sie es nicht mehr so gern. Und um den "Bogen" zum erwähnten "Diskriminieren" zurück zu schlagen: Ich wurde mit der teilweisen Unlogik der Bibel erzogen, war, zugegebenermaßen, sehr "bibelfest", doch ich erlernte auch die logischere wissenschaftliche Sichtweise. Die Widersprüche haben mich schier zerrissen. Ich wurde von den Christen für "dumm" gehalten, wenn ich die Bibel nicht "verstand" und von den Naturwissenschaftlicheren wurde ich für "dumm" gehalten, wenn ich das Bibelzeugs gut fand. Das führte für mich zum "Zwang" immer mehr zu lernen. Doch andere Menschen, die meisten, finden sich mit einfachen, ob wissenschaftlichen oder religiösen oder ideologischen Ideen ab. Das ist zu wenig, wenn man frei sein will. Aber es muss genug sein, wenn man nicht mit hoher Wahrscheinlichkeit geisteskrank werden will. Für meine Geisteskrankheit wurde ich dann von den "Normalverbrechern" später diskriminiert. Dazu später

mehr.
Hier noch zu "Gottes Weisheit", gefunden in den "Korinthern" und "Jesaja". Eine Weisheit, die über der Weisheit der Weisen stehen soll. Die den Verstand, die Intelligenz, gar die Logik zunichte machen soll. Witzig. Damit kann man sehen, dass es schwer sein muss, gleichzeitig die Logik der Welt, vom Menschen teils gefunden in den Wissenschaften und die Logik, die teils doch in der Religion liegt, im Bewußtsein zu vereinen. Es gibt, innerhalb der religiösen Texte, (bei Buddha, Laotse, in Teilen der Bibel, gerade den Evangelien, in meinen zwei gelesenen Koran-Übersetzungen, der Baghavag Gita, dem I Ging, Aleister Crowley, Osho, der Principia Diskordia, Karl Marx,...) eine wirkliche Logik. Jedoch eine, die Teils nur **Innerhalb** der entsprechenden Religion, Kirche, Sekte,... SINN macht. Im Christentum macht Jesu "Opfer" nur Sinn, wenn es etwas bringt, etwas auslöst. Dummerweise führt es nicht effizient zur Bekämpfung der Dummheit, die diesen (Selbst-)Mord herbeiführte ("Vergib ihnen, denn sie wissen nicht, was sie tun"), sondern es wird innerhalb des hineininterpretierten Kontext der Person Jesus, nämlich der Sichtweise, er wäre Messias, Gottes Sohn, ein SINN in dem "Opfer" gesehen, nämlich dass er die "Sünde" der Menschen hinwegnehmen würde. Soweit zu Gottes Weisheit, die innerhalb der Religion, wenn man schon an Gott, Geister,... glaubt, doch logisch ist, krank aber logisch. Außerhalb der Glaubenssätze jedoch, in der naturwissenschaftlichen Realität, dem immer aberglaubensfreieren Alltag, ist es pervers, komisch, grausam, dumm,... aber krankhaft logisch. Das führt zu Problemen. Aber es hat für die Herrschenden einen positiven Effekt: Die Gläubigen sind besser beherrschbar und ausbeutbar und unterdrückbar. Und die wenigen, die dies alles teils doch durchschauen fallen nicht ins Gewicht, zumal sie durch ihr Wissen teils verführt werden, ihrerseits **zu Herrschenden zu werden**. Insgesamt ist die Idee, dass Weisheit, Logik und Verstand, Intelligenz,... durch Gottes Weisheit vernichtet werden eine faszinierende Idee. Ein

ultimativer Versuch, diejenigen, die an der Religion beteiligt sind im letztmöglichen Zweifel einzufangen. Unlogik,... wird als von Außenstehenden in der Religion detektierbar zugegeben. Aikido. Man nutzt den Schwung des gegnerischen Schlages gegen denselben. Doch noch gilt die Logik in der Welt und wird ja hier sogar teilweise genutzt, um, tadaah!!!: **Zu versuchen, die gesunde Logik zu widerlegen.** Nett!!! Die wenigen Zeilen, Paulus zugeschrieben, haben mir ne Menge Nerven gekostet, bis mir klar wurde, dass die psychologische Denkweise dieses wieder einmal als bloßen Trotz entlarvt. Aber ich begebe mich immer mal wieder hinein, damit ich selbst den verlorensten Gläubigen noch zu zeigen vemag, dass die Realität mit ihrer teilweisen Härte auch etwas bieten kann. Wer sich wie Paulus hinter der Idee: Alles spricht gegen mich, dann ist alles falsch! Zumindest irgendwann, irgendwie, irgendwo,... und DANN bin ich im Recht und die Anderen sollen sehen, wo sie bleiben. Dieses Konzept ist nah an der Vorstellung von Strafe in der Hölle, UND es ist auch durchaus eine Verwandtschaft zum Prinzip der Chaostheorie vorhanden. Er verpasst es zudem, Gottes Weisheit, auf die er Bezug nimmt, zu erläutern. Das wäre wohl allzu überzeugend. Was er schildert ist, wenn Gott im traditionellen Sinn existieren würde sowie auf morbide Art logisch. Es wäre schön gewesen, mal eine unlogische aber solide Begründung zu hören. Schade. Gott sei Dank kann ich diese bieten :P .

Natur-Glaube (die Wilden): Das Ursprüngliche, "Wahre", die "Gerechigkeit" (aber nur die mangels Optionen gewohnte),...
Kultur-Glaube (die Barbaren): Gesetze, Verbote, Gebote, das Kommodifizierte, das Künstliche,...
Werkzeug/Waffe Wissenschaft (die "Prä-Spieler"): Die oft widersprüchlichen Verbreitung der Kultur und Bewahrung der Natur erzeugen Konflikte, welche Wissenschaft verstärken und mit immer aufwändigerem Flickwerk zu heilen versuchen kann. Dafür entstehen Kriminalistik, Waffentechnik,

Therapie, Umweltschutzbestrebungen, Flüchtlingshilfe, ALG II, Medizin,... Aber auch die Notwendigkeit der Erklärung der Zusammenhänge und des Umganges damit.

Da das Unmögliche nicht möglich ist, ist vielleicht "ALLES" möglich,- wahrscheinlich aber nur alles mögliche. Doch da es nicht jederzeit alles gibt, sonst wäre alles mögliche immer vorhanden, Du wärst ein Kaugummi, ein Telefon, die Welt wäre ein Würfel,... Muss es Grenzen geben, wie zum Beispiel betreffend die Konzepte der Zeit, des Raumes und der Form,... selbst so etwas ähnliches wie Gott/Götter ist/sind möglich, falls er "ALLES" ist (siehe 1.1), doch er hat Grenzen, <u>kann nicht alles und immer</u>, braucht Struktur,... er kann nur bedingt allmächtig sein, er kann alles mögliche, aber nicht das Unmögliche (dieses ist ein Paradoxon?, siehe 1.2 Anfang des Textes), es ist ihm möglich alles existierende und manches mögliche noch-nicht existierende zu sein und das zu lenken. Aber <u>unter</u> der Gültigkeit der jeweiligen Naturgesetze, die er ändern aber nicht gänzlich aufheben kann, vielleicht bis er ALLES und Nichts <u>ist</u> und "stirbt". ALL das gilt nur hypothetisch, wenn man mal aus irgendeinem Grund von der Existenz eines Gottes, oder mehrerer ausgeht.

Religionsglaube als angeeigneter Kultur-Glaube, dessen Deutern und Autoren man teils ausgeliefert ist, ist vom Ur-Glaube an Liebe und Natur, dessen sanfter Willkür man ausgesetzt ist, zu trennen. Wir müssen ein Glaubensmodell schaffen, das der jeweilige Mensch selbst kontinuierlich und individuell aber logisch gestaltet und dem er sich bewusst aussetzt, um es zum Allgemeinwohl zu optimieren und damit nützliches zu bewirken. Dies soll die Fehler die dieses Buch bei den "alten Kulturen, deren Ideologien und Religionen,..." aufzeigt, zu vermeiden oder zu minimieren ermöglichen.

War das: "Gott/... sieht Dich überall...!?!" ein Trainingstrick für die menschliche Wachsamkeit? Dass man das "Nicht-

sichtbar-sein"Gottes/der Götter "überall" vorfindet und daher fast immer und zunehmend wachsam und aus Angst "artig" ist. Manche mögen sagen, Götter/Gott wäre/n in vielen Dingen sichtbar, vielleicht in allen. Das kann im Auge des indoktrinierten Menschen so sein, aber bestimmte Indizien sprechen gegen so etwas wie einen oder mehrere Gott/Götter/...!!!
Ach, kann das sich-beobachtet-fühlen nicht zu Paranoia führen?!?

Gleichheit als Grundsatz darf nicht zu **gleichem Unrecht** führen, sondern muss alles tun, um **gleiches Recht** herbei zu führen. Daher muss zum Beispiel Privatbesitz auf ein Maß reduziert werden, das höchstmögliche, nicht mittels Bestechung, Drogen,... herbeigeführte Zufriedenheit bei der größtmöglichen Anzahl Menschen erzeugt.

Die Leute sind über Unrecht sonderbarerweise recht froh,- wenn es ihnen nutzt. Das ist aber, wie Unwahrheit, keine stabile Basis. Siehe Logik vs. allmächtiger Gott.

Sätze, die als Folge meiner Erkenntnisse oder Irrtümer im Raum "schweben", wie "der Krieg ist der Vater aller Dinge (aber Lebewesen brauchen oft auch eine Mutter)", "Kleider machen Leute", "Macht korrumpiert, absolute Macht korrumpiert absolut",... lasse ich meist weg. Doch nur, damit die Leser selbst die Parallelen meines Denkens mit bestimmten Grundsätzen der Vernunft erkennen lernen.

Die Seele, das ist nichts wirklich stoffliches. Es sind unsere Empfindungen und das, was Andere über uns denken, fühlen,... Dieses fühlt sich unter Anderem wie Energie an, daher liegen die Leute mit "Seele=unstrerbliche Energie" nur teils falsch.

Ich lasse Lücken, denke nicht alles zu Ende, damit ihr nachdenken könnt und nicht gedemütigt werdet.

1.2.1 Eine Art Psychologie der Systeme Religion und Ideologie

> Der Glaube an Gott oder Götter ist in patriarchalen "Kultur-Religionen" verknüpft mit dem Glauben an Staat und Eltern, vor allem den eigenen Vater. In matriarchalen "Natur-Religionen" ist es einfacher. Dort ist die Verknüpfung zur Natur und Mutter selbst eher vorhanden. Es geht in beiden Systemen um das Maß des Vertrauens in die jeweiligen Verknüpfungen, ob Personen oder Abstraktionen. Gerade diese Verknüpfungen machen deutlich, dass Veränderung schwer fallen kann. Denn man muss ja dafür Natur, Kultur bzw. Eltern in Frage stellen. Dieser scheinbare Vertrauensbruch erzeugt Angst, selbst dann schon, wenn er erwogen wird. Außerdem verbindet der Mensch Wissen, auch falsches, mit Macht und letztlich mit Sexualität. Selbst Asexualität ist da keine Ausnahme. Dieses Konzept der symbolischen Verbindung von Sex und Wissen und Macht manifestiert sich gar in Naturwissenschaften. Dort finden sich Schraube (phallisch) und Mutter(!), Welle und Teilchen, Materie (Mater=Mutter) und Raum oder Energie (in diesem Paar ist seltsamerweise das feste, eindringende, die Materie weiblich aspektiert), Nut und Feder, Achse und Rad, Zeit und Raum,... Ausnahmen bestätigen die Regel (und die Ausnahmen von vorangegangener Regel bestätigen eben diese Regel). :D

Es scheint für religiöse, ideologische und darunter auch wissenschaftlich geschulte Menschen trotz aller Intelligenz manchmal schwer zu sein, **nicht** in extreme Denkweisen zu wechseln. So sind für religiöse oder ideologische Menschen oft "die Menschen", "böse" oder "schlecht" oder "gut". Da wird doch häufig sehr stark vereinfacht. Ist es so schwer zu sehen, dass der Mensch, wie wahrscheinlich alle bekannten Kreaturen, inneren und äußeren Kräften teils ausgeliefert ist? Und teils kann er sie kontrollieren. Natürlich macht diese über das bloße "schwarz-weiß"-Denken herausgehende

Vorstellung, dieses Modell, das Denken und Handeln erstmal komplexer. Doch sie erklärt auch mehr als starre Religionen, Ideologien,... Doch auch (noch?) nicht alles von allem Erklärbaren. Klar, Religion/Ideologie "erklärt" Dinge, Zustände, welche wissenschaftlich (noch?) nicht erreichbar sind. Doch diese Erklärungen sind (fast) immer am wahrscheinlichsten auf simple Phantasie und Aberglauben zurück zu führen. Damit soll Sicherheit vermittelt werden, der Eindruck von "Kontrolle über die eigene Existenz". Andererseits erhält derjenige, der deuten, auslegen, urteilen "darf" die Macht, mit der Deutung Angst und Lust, Zuneigung und Abneigung,... zu "lenken". Wird beispielsweise nach einem Erdbeben gesagt, dies habe eine Sünde und damit ein "Ungläubiger" oder "Sünder" zu verschulden, haben die Betroffenen eine scheinbare Kontrolle über weitere Erdbeben. Sie "sündigen" aus Angst vielleicht seltener, schließen den "Sünder" aus der Gemeinschaft aus, töten ihn vielleicht. Vielleicht waschen sie ihn auch bloß mit Kräutern,... Doch dass dies eine Wiederholung eines Erdbebens über ein winzig kleines Maß hinaus positiv oder negativ beeinflusst, ist unwahrscheinlich. Dass Orte von Beben und Bebenwahrscheinlichkeiten teils vorausgesagt werden können, heißt demnach auch, dass in gefährdeten Gebieten lebende Menschen nicht moralisch "schlechter" oder "besser" sind, als Menschen, denen aufgrund ihres Wohnortes seltener so etwas vorkommt, wie ein Beben, ein Vulkanausbruch,...

> **Aus Angst schaffen Affen Waffen, welche ihnen Angst machen..., nach dem Einsatz derselben. Angst macht dies den Affen auch vor sich selbst.**

Kultur ist eine Umwelt, die der Mensch und unter diesen vorwiegend "der Mann" sich und seinen Partnerinnen schafft. Dieser Raum ist behütet, wird sauber gehalten von ungewollten Unreinheiten, steril wird "Störendes" von Angenehmeren getrennt. Teils durch Barrieren, die Leben

den "Zutritt" erschweren, wie (noch?!)Lebensfeindliche
Materialien, Mauern, Gifte, Temperaturen,... . Der
beanspruchte Raum wird mittels Gewaltandrohung oder teils
auch wirklicher Gewalt verteidigt. Die Angst, welche Kultur-
Systeme erzeugen kann oft nur umgangen werden, manche
verbünden sich zu diesem Zweck mit ihr, vertreten sie gar.
Ob als Priester, Soldat, Polizist, Anwalt,... wollen Menschen
die Angst teils meiden oder kanalisieren. Leider machen
ihnen dann andere Kultur-Systeme Angst. Doch in den
Bereichen ihrer Kultur fühlen sie sich durch Werkzeuge wie
Kumpanei, erlernten Habitus, ritualisierte und automatisierte,
routinierte Gedanken und auch Handlungen, Wiederholung
und Vereinbarungen,... sicherer. So können sie INNERHALB
ihrer Systeme klarer Denken, sich sicherer fühlen,... IHRE
Musik geniessen, IHRE Filme konsumieren,... so fühlen sie
sich seltener im Zweifel. So gerade zu betrachten bei
Studenten, welche heutzutage vermehrt dadurch, dass sie
keine "Zeit verlieren" sollen, einen konsequenten und
"Lückenlosen" Lebenslauf vorweisen sollen, Kritik an ihren
Systemen, Universitäten, sich selbst, durch Lernen und
wissenschaftliche Arbeit,... abschalten. Sie wollen, da das
Leben teuer ist und die weitaus Meisten immer knappere
Ressourcen zur Verfügung haben, schnell Geld und
Sicherheit erhalten. Das führt dazu, dass die Mächtigen und
Reichen immer mehr Einfluss und immer weniger echten
Widerstand erleben. So wird die Situation immer verfahrener
und Freiheiten werden vermehrt durch Degeneration und
Dekadenz ersetzt. Man grenzt sich immer mehr von
"störender Armut und prekären Individuen, Kranken und
Dissozialen,..." ab. Man tritt Organisationen bei, wie Non-
Profit-Organisationen, karitativen Vereinigungen, man
spendet Geld,... doch da diese Gruppen sich IM System
befinden und damit zumeist kein Interesse daran haben, es
zu zerlegen, sie wollen es eher fördern, geschieht nichts
wirklich konstruktiv Verbesserndes. Die Krankheit breitet sich
so nur mehr aus. Wird zum Selbstverständnis. Man verliert
den "Glauben" an Verbesserung. Die positive "Hoffnung"

schwindet, grundlegendes Engagement gegen Zerstörung, Ungleichheit,... wird im Keim erstickt, oft unter dem "guten Vorsatz" der sogenannten aber nur aus Political Correctness angewandten Toleranz. Diese Toleranz ist oft destruktiv, scheinheilig, vorgetäuscht,... vorübergehend, und bloßes Dulden, "Vertagung" bis... ? Akzeptanz wäre eine Lösung, doch diese erfordert Kennenlernen, Lernen,... Modifikation des eigenen Verhaltens UND Charakters. Komisch (seltsam, nicht lustig) ist das Phänomen der "Scham". Gerade, weil Menschen einstmals und immernoch, und das hat sich im Bewußtsein, Habitus,.. bereits MANIFESTIERT(!!!), bestraft wurden, wenn sie Fehler begingen, empfinden sie Angst vor Fehlern und damit verbundenen Personen, Situationen,... Folge: Sie meiden diese Situationen, Personen,... bzw. den Konflikt mit ihnen. So wurde und wird erzogen, heute noch. Doch manche der "Fehler" sind nicht falsch, manche sogar wichtig!!! Diejenigen, die die "Fehler" definieren nutzen die Ängste, die Scham, die Unsicherheit, die angeborene Gutmütigkeit der Meisten, um die Opfer der Prägung auf die Angst zu manipulieren, zu steuern, zu beherrschen, auszubeuten,... Denn sie definieren ihr eigenes Verhalten eher als ruhmreich, gut, notwendig, überlegen,... so sind sie freier. So können sie problemloser und "weiter in ihre Richtung denken", doch der Gesamtüberblick in einem größeren Umfang, der geht meist verloren. Sie werden Richter, Anwälte, Polizisten, Priester,... . Und sie werden schambehaftet, das kann sich dadurch äußern, dass sie sich blöd vorkommen, unpassend gekleidet, tölpelhaft handelnd, häßlich,... , sobald sie aus dem konsensuellen Rahmen fallen, auch dafür gibt es viele Beispiele.
Ein weiteres Detail macht die Situation noch verfahrener: Die Priester, die bestimmen wollen, sogenannte Ungläubige wären "dumm" oder gefährdeten den Frieden,... oder deren "Seele" wäre "böse",... , oder die Polizisten, die selbst nicht kapieren, dass sie Unrecht tun (Unrecht im Sinne des Vorgehens gegen Ur-Rechte wie Gleichheit, Freiheit,... (weil sie übermäßigen Privatbesitz, der viel zu vielen Chancen

raubt verteidigen, etc.), Unrecht, weil sie das Recht des Stärkeren vertreten wollen, weil sie die Opfer der Armut oft gar bestrafen, wenn diese ebenfalls rauben, aggressiv werden,...), schaffen eine Spirale der Angst. Denn sie machen sich Gegner, die mit ihnen in Sachen Angst machen mithalten wollen/müssen. Aufrüstung, Gewalt, Angst,... Tod und Unterdrückung sind die Folgen. Sowie die Verdrängung der Aufklärung über die Wahrheit. Doch: Ist meine Wahrheit nicht auch so ein Konstrukt? Eine künstliche Methode Angst zu machen, Regeln aufzustellen, zu kontrollieren,...??? Mein Mittel ist die Logik, ich zeige euch eure Ängste, das macht Angst sichtbar, ihr spürt sie auch unangenehm, doch genau das ist auch ein Hilfsmittel, sich ihrer bewußt zu werden, um sie zu beheben. Ich bin, denke ich offen und selbstkritisch und lange nicht perfekt. Aber ich lerne gerne gute Dinge. Und ich teile meine Ansichten mit, um im Dialog noch mehr zu lernen. UND mir geht es so sehr viel besser, denn zuvor. Das ist schon fast peinlich :) .

> **Dass Andere sich richtig verhalten, kann ich erst verlangen, wenn ich mich selbst um MEIN richtiges Verhalten ernsthaft bemühe. Dazu gehört 1. die Pflicht, zu lernen. 2. Die einzige Verantwortung: So viel Verantwortung zu übernehmen, wie ich kann. 3. Das Prinzip "Tit for Tat" anzuwenden, bis man frei ist und das Küssen auf die Backe der Person, die einen schlug, anwenden lernt. So soll man sich auch noch 4. In Anderer Leute Situation versetzen und nicht Leute für ihre Rolle im System bestrafen. Sondern 5. Zuerst das fehlerhafte am System verbessern, bevor man Leute für ihre Aufgabe straft (siehe 4.). 6. Und so weiter, und so weiter,...**

Waffen erweitern die Macht, Werkzeuge auch. Dies macht manche ÜBERMÜTIG.

Gläubige verbieten manchmal manche Argumentationen und Argumente, um nicht **ihre eigenen** Fehler korrigieren zu müssen. Meist ist das so erschreckend dumm, dass man darüber eine Weile nachdenken muss. Klar, alles (!) hier im Buch gesagte ist unter der Bedingung, dass Logik nicht logisch ist, falsch. Doch selbst, um das zu als plausibel zu begründen, nutzen die Gläubigen und auch ich hier die Logik. Jedoch eine nur halbwahre. Denn der Bereich, den ich hier aufspanne, ist nur dann vollständig, wenn man realistisch bleibt. Das meint: Alles ist irgendwie wahr, wenn es gedacht werden kann. Doch ein Bild von Gott macht ihn/sie/es nicht als Wesen real. Die Vorstellung von einem Auto kann man nicht fahren, außer in der Vorstellung. Sich ein Auto von außen vorstellen, heißt nicht, dass man es auch verstehen oder bauen kann. Und so weiter.

Die derzeitige Konfigurationen der Systeme der Kultur nutzen nur sehr wenigen wirklich. Die Schäden an der Psyche, dem Habitus, der Natur also Umwelt,... sind auf die Dauer ein Nachteil. Diesen müssen die Schwachen ertragen oder meiden. Doch die Überbevölkerung macht ein Umziehen schwer und immer schwerer. Auch der Anstieg der Meeresspiegel wird Land "untergehen" lassen. Daher müssen die derzeitigen Systeme verbessert werden, stetig oder einmalig zur Perfektion. Dies Buch will dabei helfen. Sollte man dies nicht ausreichend berücksichtigen, wird es womöglich kritische Zustände herbeiführen.

Es wäre recht vermessen zu sagen, es wäre Gottes, der Götter, des Karmas,... "Wille", dass die Welt ist, wie sie ist. Es wäre ähnlich vermessen, zu sagen, es wäre nicht so. Ähnlich klingt das, doch beschreibt das den hoffentlich wahren Zustand nicht gleichermaßen exakt. Dass Menschen "anfälliger" sind für Wissen, oder für dem Wissen ähnliche religiöse oder ideologische "Wahrheiten" ist gut im Sinne einer Diversität. Auch wäre es schwer vorstellbar, doch möglich, dass Doktoren regelmäßig zum Einsatz bei der Kanalreinigung herangezogen werden oder dass durchschnittliche Achtklässler routinemäßig Professoren an etablierten Hochschulen stellen. Religion hat die positive

Eigenschaft, das andauernde Denken zu begrenzen und dennoch nicht komplett abzustellen, zumindest in der Regel. Denn die einfachen Antworten, die viele Religionen stellen, reduzieren, gerade im Umfeld Ähnlichgläubiger, den gedanklichen Prozess bezüglich "Zweifel an Sinn, Funktionieren des Kosmos, des Menschen,... der nicht gleich Gott und Paradies, Hölle,... ist". So bleiben mehr Energie-, Zeit-,... Ressourcen für Immunsystem, Missionierung,... Und die religiösen bekommt man so eher für einfache, dreckige, gefährliche Arbeit herangezogen, da sie demütig, schicksalsergebener,... sind und meist nicht so gebildet sind, was Wissenschaften angeht. Doch da gibt es einige Ausnahmen. Die Gläubigen sind lenkbarer durch die, die sie als FÜHRER angenommen haben, auch für das Kontrollieren und Steuern auf Konfliktsituationen mit anderen hin. Das sogenannte "Böse" kann dann auf fremde, kätzerische,... Menschen projiziert werden. Der "Böse" kann so vom Eindruck auf ganze Gruppen her gesehen seines Status als Mensch, Gut,... enthoben werden. Beziehungsweise kann dieser Status auf "Ketzer", "Teufel", "Sünder", "Feind", "Gotteslästerer",... geändert werden. Solcherlei "Böse" kann man <u>eher</u> foltern, ausschließen, töten,... wenn man dem Druck der eigenen religiösen, ideologischen Gruppe folgt, nachgibt, diesen selbst erzeugt,...

Viele der Leute, die einfache Antworten bevorzugen und geschluckt haben, kann man für andere einfachere, gefährlichere,... Aufgaben einsetzen, auch wenn das eine Form der Diskriminierung darstellen kann und derzeit im Grunde darstellt. Doch irgendwer sollte und muss die "Drecksarbeit" machen... Doch Glaube hat auch teils gute Seiten, wenn er nur nicht oftmals dabei so scheinheilig wäre. Auch wichtig ist die Tatsache, dass Wissen schlechter wirklich wiederlegbar und anzweifelbar ist als Glaube. Wissen ist Macht für und über den Wissenden, zumindest, wenn er es anwenden kann und begreift. Glaube ist Macht für denjenigen, der die Möglichkeit der Deutung, der

Interpretation,... hat. Andere verlieren durch die Macht der Mächtigen Teile ihrer Macht.

Religion und Ideologie schickt die Schwachen in Krieg, Drecksarbeit, Wüste, Terror,... .

Der "Gegner", das sind in den Augen der Gläubigen und ideologisch Geprägten "böse", "unreine", "falsch liegende", "irrende", "irre", "dumme", und/oder "ungläubige",... Menschen. Diese Zuordnung liefert den "Grund" bzw. die "Gründe", die deren Unterdrückung, Verfolgung, Ausschluss, Tötung, Folter, Therapie,... rechtfertigen sollen. Und wirklich, dies ist nicht gerecht, fast nie zumindest. Schuld ist, ohne dass es lebendig ist, das jeweilige fehlerhafte System. Das wird später noch genauer von mir erläutert.

> **Glaubens- und ideologische Regeln sind häufig so gemacht, dass nur wenige, zum Beispiel Mönche, Reiche, Mächtige,... oder die Schöpfer oder andere Interpretierer der Regeln sie einhalten können oder diesen Anschein erwecken können. Die Massen der "einfachen" Ideologen, Religiösen, Gläubigen,... sind zu Fehlern verdammt. Welch Frust!!! Man könnte so glücklich sein (Ironie!)!?! Den Frust bekommen andere zu spüren. Gläubige sind teils um so frustrierter, je mehr abgedrehte Regeln ihr Glaube hat. Ich kann nicht so viel für den Frust und die Aggression der Gläubigen. Wenn er sich entlädt, nachdem der Glaube wegfällt, liegt das ursächlich an den Unrechten und nicht in allen Lagen voll funktionierenden Regeln von Ideologie oder Gott/Götterglaube oder Philosophie. Je früher man sowas auflöst, desto besser.**

Durch das Anwenden von Verboten und Geboten der Kultur wird der Mensch, ähnlich einer Formung, Prägung,... gedrängt, die Natur zu verlassen. Damit kommt es auch zu einem Druck dahingehend, ebenso sein natürliches Verhalten aufzugeben. Die "Matrix" der Kultur, repräsentiert durch Symbole, Zeichen, Farben,... ist noch unfertig, ungerecht, "blind",... zerstört dennoch für ihre Fertigstellung den Rückweg zum Ursprung. Gut wäre eine gefühlvolle

"MIXTUR" aus Natur und Kultur.
Die Regeln der Staaten, Glaubensrichtungen sind nicht dazu gedacht immer einhaltbar zu sein. Die Leute sollen durch die Unfähigkeit, perfekt zu sein,... gedemütigt werden. Die Systeme, die es bisher gab, urteilen beispielsweise über sogenannte Verbrecher, auch wenn sie deren Entwicklung herbei geführt haben oder nicht verhinderten. Das ist schon leicht pervers, wenn man es durchdenkt. Zusätzlich billigen Staaten, Religionen explizit oder implizit Verbrechen, wenn diese Untaten den jeweiligen Systemen nutzen. Das spricht dagegen, dass innerhalb und auch außerhalb dieser Systeme eine wirkliche Freiheit gewollt ist. Sein Leben Systemen, die man nicht unterstützt oder unterstützen würde, wäre einem mehr Wissen zuteil, unterordnen zu müssen UND dies nicht immer frei entscheiden zu können, demütigt zusätzlich. Diese Demütigung treibt sogar die Menschen häufig noch weiter in den Griff der einen oder anderen Organisation, Glaubensrichtung,... . Auch aus diesem Grund organisieren WIR uns nicht im Außen, sondern innerlich.

Nur ein gerechter Staat "darf" sanktionieren.

Kleidung ist bei der Prägung auf Rollen in der Gesellschaft ein typisches Instrument. Es gibt keine Richter, Zimmerleute, Ärzte,... Sorry, das klingt verrückt. Doch ich versuche es mal wieder etwas einfacher. Ist man nackt, wenn man Kleidung trägt? Ich sage: Fast jeder Mensch in Kleidung ist nackt. Nur eben darunter. Genauso ist es mit den Rollen. Hinter der Rolle sind die weitaus Meisten einfach Menschen. Doch das wird verdrängt. Natürlichkeit, was man mit dieser verbindet, wird verdrängt, da man darin eine Schwäche, eine Unsauberkeit, Unreinheit,... sieht.

> Das Programm der Kultur, ihre Matrix für den "Kultivierten", besteht aus Habitus, Text, Bildern, Symbolen, Berührungen, Mimik, Sprache,...

Belohnungen, wie Geld, Gegenstände, Dienste, locken in die Kultur. Daher lernt die Kultur immer mehr und bessere davon herzustellen. Und sie macht uns davon immer abhängiger, teils um der Konkurrenz stand zu halten. Der Freiheitsdrang drängt uns jedoch wieder weiter ins näher gerückte "Neue", zuvor Unbekannte.

> Hier soll versucht werden, die "Unteren" Gesellschaftsschichten nach "oben" zu befördern, zu dem Lebensstandard, der Bildung,... der Reichen. Und dies möglichst ohne allzu schädliche Umweltzerstörung. Doch auch die Reichen und Mächtigen können von mehr Frieden im Herzen, mehr Gleichheit, Gerechtigkeit,... profitieren.

Die durch nur Wenigen nutzende Regeln unzufrieden gemachten Leutchen beneiden eben diese Wenigen oder eben die, die die Regeln brechen können oder müssen,... Scheinheiligkeit, wie Prüdigkeit,... sind weitere Folgen der weitverbreiteten Willigkeit aber Unfähigkeit zum Folge leisten. Wieder wiederhole ich mich, wenn ich sage: Die Mächtigen legen fest, welcher Mörder eigesperrt,... wird und welcher ein Held ist. Oder welcher Dieb stehlen darf und welcher nicht. Selbst Ghandi hat eine Art Krieg geführt, mit seinem unterschwellig bedrohlichen Konzept des gewaltlosen Widerstandes. Der "wahre" Friede ist jedoch ein zu Recht begründeter, innerlicher, nicht bloß die "Abwesenheit" von Krieg oder Gewalt. Achso, wer die Rechtfertigung von alldem Töten, Quälen,... von Tieren und Menschen mit "Kreislauf des Lebens" oder "Nahrungskette" oder "Survival of the fittest" oder so,... hat der was dagegen, wenn ein Serienmörder, Konkurrent, "überlegener, weil mutigerer, reicherer,... oder verzweifelterer,... Verbrecher"...

seine Familie tötet, seine Firma übernimmt,... oder würde er sich wehren? Oder gar ein Konzept suchen, das die Gefahr minimiert und für alle Menschen mit reinem und/oder reuigem Herz einen Platz hat??? Oder...?!?

Zweifel kann man, wie Fortschritt, Evolution,... bremsen. Man kann versuchen ihn auszuschalten. Einmal, indem man ihn unterdrückt, die Zweifler ausschaltet. Den Zweifel oder seine Äußerung unterbindet, verbietet, ächtet,... Doch das ist nur vorübergehend, wenn der Zweifel berechtigt ist. Zweifel kann nur durch logische Zusammenhänge, SINN zerstreut oder konstruktiv genutzt werden. Die Religion erzeugt teils den Zweifel an der Natur, andere Religionen lassen an der eigenen zweifeln. Geht dem Zweifel entgegen und nehmt alles, was es gibt, ob Religion, Natur, Wissenschaft,... als "wahr" an. Das heißt, dass sie existieren und einen Wahrheitsgehalt, allein durch ihre Existenz besitzen. Aber auch die Inhalte sind meist nicht komplett falsch. Sucht die übergeordneten Wahrheiten in Gemeinsamkeiten und Unterschiede. Wählt euch, was euch sinnvoll erscheint und probiert es in eurem Denken und Leben aus. Nutzt das **OS**. Ein Beispiel für Sinn: Man könnte annehmen, in der arabischen Welt wären die Leute auserwählt, zum größten Teil Muslime zu sein. Weil Gott und/oder der Prophet sie erwählt hat. Doch die Inder, größtenteils Hindus (und/oder Buddhisten?), denken ähnliches aus ihrer Sicht. Die Christen in Lateinamerika, Europa,... denken es auch,... "Gott/der Messias hat mich, uns erwählt!" Können alle Recht haben? Bei einem/mehreren Gott/Göttern fängt es an nicht mehr einträchtig zu sein... die (eigentlich unbedeutenden) Unterschiede bauen sich zu Riesen auf, zu Gebirgen. Jeder/Jede Gruppe glaubt nur an sich, das ist psychologisch erklärbar. Aber wäre es nicht einfacher, "teuflisch" einfach, zu denken: Die einmal, oft mit Gewalt, Mission, vorläufigen Vorsprung durch vergleichsweise Innovation(en), charismatische Führer,... etablierte Religion wird an die Kinder weitergegeben und da wo die Nachbarn z.B.

Buddhisten sind, wird, um "Spannungen" zu vermeiden ein "Neuer" auch (nach und nach?) Buddhist und/oder auch seine Familie dazu tendieren. Gleiche unter gleichen sind in vielen Fällen glücklicher. Unterschiede wollen daher viele Systeme vermeiden. Doch gerade die Unterschiede machen das Leben bunt, interessant. Daher ist eine Ballance von Neuem und Altem im Interesse der Meisten. Bloß, hindert fehlende Wahrhaftigkeit und mangelnde Transparenz und geringe Akzeptanz besserer Konzepte die Mehrheit daran, sich, in Sachen Lebensqualität zu verbessern.

> Die Hektik, Angst und Mischung von eingebildeter Sicherheit und mannigfaltigen Anzeichen von Unsicherheit, die die verschiedenen Arten von Gläubigen häufig kennzeichnet, lässt schlecht vorbereiteten Zuhörern kaum eine Wahl, als beeinflusst zu werden. Gewissheit und Sicherheit durch Verstehen zu erreichen gelang vor diesem Buch nur wenigen. Beten und Meditieren erzeugen wirkliche Angstbefreiung nur, wenn man Wissen und Einsichten stetig optimiert. Wer macht uns Angst vor der Welt und unseren inneren "Abgründen" und warum tut er das?!? Und warum bedient der gleiche Trupp uns mit den passenden Ablenkungen???

Heilige Bücher? Warum wachsen die nicht auf den Bäumen, erscheinen nicht aus weiser Vorraussicht **sofort, bei Beginn der Schöpfung** fehlerfrei in der 3. Auflage? Warum gibt es sie nicht schon immer so überzeugend, einfach und plausibel, so dass wir bereit dafür sind und so, dass, um Komplikationen zu vermeiden, wir sie alle richtig verstehen? Warum musste die Verbreitung der Bücher in großem Umfang erst durch die Buchdruckkunst möglich gemacht werden? Hätte eine so nützliche Technologie, oder eine andere, nicht mit dem Beginn des Kosmos entstehen/mitgeteilt werden können? Wie ist es mit Prognosen? Propheten könnten doch mal wirklich etwas voraussehen. Gut, bei so vielen "Gläubigen" muss ja immer mal einer richtig liegen... Alles klar, "Wissen ist in den Büchern **verborgen**, man muss es nur finden", naja, welche Idee ist in den letzten Jahren, Jahrhunderten,... aus den heiligen Schriften entstanden? Welches andere Wissen, z.B. historisches, wurde _**vor**_ dem entsprechenden Ereignis in deutlicher, nachvollziehbarer Form in einer heiligen Schrift voraus gesagt? Gläubige finden da Beispiele, doch dann sollen sie einmal was überzeugendes abliefern und das soll dann eintreffen. Ich will niemanden verführen, bloß zeigen, dass bis auf selbsterfüllende Prophezeiungen, Zufälle, durch Psychologie erklärbare Ereignisse, unterschwellige Kommunikation,... (fast?) NICHTS je prophezeit wurde, das dann eintrat. Klar, hier ist wieder so ein Streitpunkt. Siehe "Skinners Tauben".

Kann es sein, dass Leute, die nicht den rechten Partner fanden und finden oder die an einer Universität abgelehnt werden, weil ihre Bilder "entartet" sind,... die "Schuldigen" unter dem Deckmantel der Heil-ung irgendwann zerstören wollen?!?

> **Üben in Gebeten und Ausüben von Ritualen, ob vor Gericht, im Parlament, Kirche, Bank,... schafft eine Art von leider teils trügerischer Sicherheit. Dagegen kommen Menschen, die so schnell, erst nach Prüfung oder nie eine starre Meinung annehmen, selten an. Dieser Nachteil wird in diesem Buch teils behoben.**

Der Berg ist die Menschheit, der Stein ist die Aufgabe, auf dem Gipfel kommen wir Gott nahe und vergessen aus Gier den Stein festzuhalten. Er rollt herab, mal wieder. Doch wir müssen ihn auf dem Gipfel erklimmen, um Gott zu erreichen... Gott?!? Selbst Smiths "unsichtbare Hand" ist nur Abbild einer Schwarmintelligenz, welche außerhalb gewohnter Wahrnehmung Daten erfasst, (uns) steuert und manchmal doch freigibt, Skrupel?!
Glaube verbindet, Glaube trennt. Führt das Streben nach

Individualität zwangsläufig zu mehr Egoismus? Ist Glaube nicht oft sehr eingebildet, im wahrsten SINNe des Wortes? Führt das "besser" sein wollen, ob im Glauben oder im Individuellen nicht gerade zu Problemen. Ist das "den wahren Willen" oder das "das wahre Selbst" finden nicht ein besseres Ziel, eine bessere Aufgabe (besser?). Sich so nehmen und geben, wie man ist... Doch Religion, Ideologie, Kultur-Glaube,... wollen nicht, dass Du Dich erkennst, solange Du gut bist. Denn, dann konsumierst Du weniger. Du lebst nämlich dann, hast Du einmal Dein GUTES Selbst erkannt, viel zufriedener und glücklicher. Es stören nur die, die Besser als Du sein wollen und dabei die Welt, die genauso Dir gehört, gegen sich und Dich und gegen die Natur,... aufwiegeln. Konkurrenz ist (fast?) immer gegen Andere gerichtet. Das ist zumindest ein potentielles Problem, kann ein Riesenproblem werden,... Aber eine Gemeinschaft hat auch Vorteile. Die etablierten Gruppen wollen Dich oft ausbeuten, instrumentalisieren, unterdrücken,... WIR brauchen eine Gemeinschaft, die diese Nachteile weitestgehend nicht hat aber die maximierten Vorteile mitbringt. WIR nennen diese Gemeinschaft: WIR. WIR, damit meint man UNS. Unsere Gemeinschaft ist die der Menschen. Die Gruppe derjenigen, die sich wie Menschen verhalten,... Die Gruppe, die der Logik folgt. Wer gegen unsere Regeln, die der Logik verstößt, gehört nicht mehr zu uns. Er/Sie wird erst wieder aufgenommen, wenn er dieses Fehlverhalten aufgearbeitet hat. WIR lernen das "Schwingen" zwischen Kollektiv und Individuum. WIR sind im Idealfall NICHT-ALS-GRUPPE-IN-DER-WELT-SONDERN-INNERLICH-ORGANISIERT.

Baut euch ein Weltbild, das funktioniert. Ohne etwas ausschließen zu müssen. Je realitätsferner euer Weltbild, desto manipulierbarer seid ihr potentiell.

Neben der Lust am Leben ist die Angst vor jeder Art des Sterbens oder Todes ein elementares Gefühl. Da wir in den meisten Fällen die Angst fliehen, nicht zu ihrem Ursprung gehen wollen, bleibt ihre Ursache oft nebulös. Wir machen die Angst dann oft zu unrecht an den falschen Gedanken, Objekten, anderen Gefühlen, Personen,... fest. Dies wird zu unseren Gunsten und leider oft zu unseren Ungunsten genutzt. Menschen erzeugen Unsicherheit in uns oder fördern sie zu Tage. Schmerzen, Waffen, Blut,... assoziieren wir häufig mit Gewalt, Ohnmacht, Gefahr. Bestimmte Gruppen arbeiten mit Gewalt, um ihre Denkweise zu verbreiten. Angst erzeugt unwohlsein, diese Gruppen bieten als **(Er-)Lösung**, dass man sicher ist, wenn man ihre Ideen teilt. Ihre Denk- und Handlungsweise annimmt. Sollten dies religiöse und/oder Glaubens-Gruppen sein, ist die Frage, wieso sie, bei Gottes Beistand zum Beispiel auf Waffen angewiesen sind. Waffen, die Wissenschaftler und Ingenieure von als feindlich angesehener Religionen, Ideologien bereitstellen, zu nutzen, erscheint wohl auch dann als opportun, wenn man immerhin schon Gott auf seiner Seite hat. Die Lösung ist hier, die Angst zum wahren Ursprung zu verfolgen und die Ursache zu bewerten, zu modifizieren, zu belassen oder aufzulösen. In jedem Fall hilft es, sich ihrer Wirkung auf uns bewusst zu machen. Einen Gewinn kann man vielleicht aus dem ganzen ziehen, nämlich das Erlernen der Mechanismen der Angst.

Ängste können für "Programmierung" auf Ereignisse, verbunden mit limitiert-konsensuellen Denkmustern genutzt werden. Programmierung, die auf Schmerz und Angst basiert führt häufig zu Hass und damit wiederum zu Gewalt, Angst,... All das ist tückisch, man erhält so Macht und diese kann wie eine schlimme Droge sein.

> Das Wohlgefühl, das Hungernde beim Essen empfinden ist vielleicht größer, als das bei Menschen, die eigentlich immer satt sein können. Doch das gleicht doch das Leid des Hungers nicht aus!!! Dass dieser qualitative Unterschied nur begrenzt Leid behebt, zeigt die Grenze Tod und zeigt die Grenze "Kollapps", ob physisch oder/und psychisch.

Irgendwann, irgendwo findet jeder seinen Platz. Kriminalität, Arbeit, Studium, freie Tätigkeiten, für die man "berufen" oder nur ausreichend geeignet ist. So werden die Leute mit Halbheiten abgefunden. Denn die derzeitigen Systeme sind meist/immer verbesserungswürdig. Weiterhin sollte man alles tun, sich nicht ungerechtfertigterweise Arbeit, Macht, Besitz, Verantwortung,... abnehmen zu lassen. Andere oder man selbst könnte/n zu stark, schwach,... werden. Ich habe Verständnis für die Kriminellen, ob "unabhängige" oder in Organisationen, wie Staat, Mafia,... Das heißt nicht, dass ich es für richtig halte. Verständnis kommt hoffentlich von verstehen. Da so ziemlich alle Menschen einem SINN, einer ihnen und vielleicht anderen logisch erscheinenden Kette von "Erklärungen", folgen. Das ist auch der Grund, warum so ziemlich jeder in jede Rolle schlüpfen kann. Und warum Opfer Täter verstehen können, auch wenn sie das nicht immer gut finden. Gerade zu dem Zeitpunkt, sobald sie wieder Distanz zum Delikt gewinnen, oder im Extremfall schon als Beteiligter, gar Opfer der Tat.

Menschen, wie Jesus, Buddha,... zu "Göttern" zu erheben ist etwas verfrüht. Nebenbei führt das dazu, dass "Normale" sich seltener trauen, ihnen im Guten und realistisch, solide nachzueifern.

> Wer lügt und sich belügen lässt, oder seinen Einsichten zuwider handelt, kommt der Wahrheit nicht so nahe, resigniert in der Folge eher.

"Indianer", Obdachlose,... müssen **komplett** entschädigt werden. Arbeiter müssen mehr beitragen als stumpf zu arbeiten, sonst können sie weiter betrogen werden.
Intellektuelle müssen auch mal körperlich "ran".
Jeder darf mal vorübergehend "reich sein", muss aber dafür öfter mal Rollen tauschen.
Geld ersetzt immer mehr die menschliche Zuneigung. "Gute Eltern" machen die teuersten Geschenke. Soll das richtig sein? Utopie???

Gute Vorsätze dienen manchen Menschen dazu, ihr durch sie verübtes Unrecht zu legitimisieren. Soldaten töten Zivilisten, Ethnologen "retten" das Wissen über fremde Kulturen und machen deren Zerstörung damit "leichter" und/oder sie führen die Zivilisation so näher heran. Die Zivilisation ist leider noch sehr expansiv, zerstörerisch, machtgierig, krank, korrumpierend,... Auch Politiker sollen transparent die der Wahrheit am nächsten kommende Information kundtun. Doch so lange die Staaten nicht kooperieren, sondern auch konkurrieren, wird dies sehr schwer möglich sein. Das Internet, moderne Technik machen einen negativen oder/und positiven "Überwachungsstaat" möglich. Ich will das eigentlich nicht, doch die Entwicklung geht schon dahin. Und daher ist es besser, diese Entwicklung zu möglichst aller Menschen Nutzen zu lenken. Sonst hätte man immer heterogen-mächtige, ungleichere Personen und Gruppen. Auch Politiker dürfen Zivilcourage zeigen und sich und ihr Handeln mal aus der Sichtweise dieses Buches betrachten. Falls sie das nicht können, verstehen sie auch nicht, wie es zum Unrecht des 3. Reiches, den Gulags,... kommen konnte. Doch mindestens und vor allem Politiker, Polizisten, Soldaten, Anwälte,... sollten eine Ahnung von Gerechtigkeit haben. Leider muss ich da, um nicht zu Verzweifeln, meine Ansprüche sehr klein halten, bisher.

Kultur ist ein "hygienisch" von der Natur abgetrennter,

gezähmter/gebändigter/unterdrückter Teil der Natur. Kultur ist daher oft gewaltsam, invasiv, expansiv, autoritär, manchmal zu Recht besserwisserisch, voller Komplexe, hierarchisch, kränklich, krankhaft (aber teils durch Krankheit lernend), degeneriert, dekadent, trotzdem fortschrittlich im Waffenbau, bei "Monokulturen" von Pflanzen, Tieren und Menschen, Scheinindividualität, Abhängigkeiten schaffend. Sie ist der Bevölkerung der "eigenen" Kultur dienend konzipiert also tendenziell rassistisch, romantisch (man denke an das "schöne" Ende von "Romeo und Julia"), all dies mit Forschergeist und Verstehenwollen rechtfertigend ABER Macht erhalten wollend, kommunizierend ABER selten einfühlend, entwürdigend, Kriminalität (wie übermäßiger Privatbesitz, Copyright, Geheimdienste, Sniperangriffe eigener Soldaten, Drohneneinsätze, Sanktionen gegen Abweichler,...) "für das Allgemeinwohl" rechtfertigend, der Vielfalt abgeneigt ABER aus Political Correctness oder auch für Diversität diese fördernd,... Kultur-Glaube ist der Ursprung all dieser "Unarten". Sie hat ihre "Reinheitsgebote". Sie definiert demnach, was oder wer "rein" ist. Das "unreine" wird "sterilisiert", geduldet,... . Natur wird, weil man sie zerstören kann, als schwach angesehen. Und das Schwache wird teils zerstört, wir zerstören es gar in uns selbst, verachten unsere Schwäche. Doch die Natur ist bloß nachgiebig, bis... Die Zerstörung Abtötung und Bändigung von Teilen der Natur schafft Raum für Vermehrung der Verursacher und von "Trittbrettfahrern", da Auslese der Schwachen eingedämmt wird. Das ist nicht ganz schlecht. Wird jedoch durch Überbevölkerung, Krieg um Rohstoffe, Umweltschäden, Klimawandel,... zum Problem. In der Konkurrenz werden die vielen Leute teils willkommenerweise zu Soldaten, Forschern, Terroristen, Arbeitern,... Die eigene Gruppe vermittelt Sicherheit. Sport, Wirtschaft,... all das wird im Wettbewerb betrieben, das eigene System soll siegen, Angst nehmen. Zum Territorialen der Kultur(en): Die Territorien gibt es, als Grenzen nur im Kopf der kultivierten. Kunstwerke, Gebäude, Musik,... stellen "materialisierten"

Ausdruck des Einflusses, der Macht, der Dauerhaftigkeit,... der jeweiligen Kultur dar, sowie Trophäen. Sie sollen Angst der Anhänger nehmen oder auch teils erzeugen und als Indikatoren für Probleme dienen. Denn andere Kulturen, die gereizt werden, sich angepinkelt (Markierung) fühlen, zerstören gerne diese territorialen Gebäude, Bilder,... oder deuten sie um. Die Verantwortung für all dies komplexe Verhalten wird von vielen an ein System, den Staat, den "Gott" übergeben, was Größenwahn aus Minderwertigkeitskomplexen heraus auslösen kann, ob bei Einzelnen oder der Entität Staat, die in Teilen des Bewußtseins der Leute als innerer Dialog,.. zu Tage tritt. Darauf basieren unter anderem auch Wahn und weitere psychische Erkrankungen, Kriminalität,... . Innere und äußere Natur wird, wie gesagt ebenfalls zum "Feind" gemacht, leider sind Menschen noch Naturwesen. Auch das generiert Wirrwarr, nur wer die Angst,... und das Morden besiegt, wird frei. Das ist also lösbar, und zwar besser, als durch die Versuche/Resultate der Kultur, die sich aus ihrer relativen SINNarmut ergeben, die in Krieg, Propaganda, Seuchen (multiresistente Keime), Armut und Hunger,... enden. Quantität ist eben nicht immer besser als Qualität. Da nämlich auf diese Weisen/Arten auch immer andere, feindlich gesinnte Gruppen entstehen, die ebenso wachsen wollen, um zu bestehen, die im Kampf gegeneinander Rohstoffe verbrauchen, Umwelt zerstören, Dummheit begehen, töten, aufwiegeln,... weil gerade SIE "Recht haben", ist all dies abwegig. UND man darf wirklich nicht vergessen, dass der Mensch immernoch Teil der Natur bleibt. Eine Psychologie der Staaten und der Psychologie selbst, entwickele ich hier nicht aus Jux.
Kultur verbreitet sich fast ganz in künstlichen Symbolen und Zeichen, Texten, "Medien" (Staatsflaggen, Büchern, Gebeten...). Das findet also im Kopf statt. Mittels Propaganda, Kultischem, Forschungswissen, Statistiken. Ängste schürend entwickeln Kulturen einen inneren und auch häufig äußeren Dialog, bis zum Wahnsinn, dem Krieg,

dem zum Antreiben beschworenen Untergang (den auch ich nicht ganz ausklammern kann) oder der er**LÖSEND**en Erleuchtung.

Die Kultur redet vom "Fressen und gefressen werden", da sie überall Gefahren sieht, wie jeder Soldat. Doch genau das kann Kriege anstoßen. Der Eine rüstet auf, der Andere fühlt sich bedroht, rüstet auf,... . In der Natur ist jedoch das "Gebären, Leben und Sterben, gebären,..." vielleicht sogar wichtiger.

Die "Hygiene" der Kultur führt unter anderem zu Bevölkerungswachstum, welches zu Expansion führt. Das erfordert komplexere und neue Regeln. Auf diese Regeln müssen wir eingespielt werden, doch man kann sich heutzutage kaum an die wechselnden und immer neuen Regeln anpassen. Kriminalität und Missverständnisse, Gewalt,... ob von den "legalen Verbrechern" oder "illegalen Verbrechern" sind die Regel. Dennoch läuft es irgendwie, gerade auch, weil andere Kulturen in Konkurrenz gezwungen werden. Das alles wird zum Selbstzweck und das Konfliktpotential wächst sich zu heißen Konflikten aus. Kulturen, die auf Angst angewiesen sind, kollabieren möglicherweise, falls Lügen über welche die Angst generiert wird, entlarvt werden.

Meiner Meinung nach gibt es Alles, was wir uns vorstellen... aber eben nur in unserer Vorstellung. Die Realität außerhalb unserer Gedanken ist ebenso begrenzt. Doch sie ist gleichermaßen in manchen Bereichen unendlich. Auch Gott existiert irgendwie, dadurch, dass wir auf dieses Konzept reagieren, danach handeln oder bestimmtes Handeln unterlassen. Da wir diesbezüglich kommunizieren und neues Denken,... kreieren.

> Durch Verbote, und auch teils durch das tendenziell bessere Konzept der Gebote wird Verbrechen meist nicht verhindert. Das Entstehen von Verbrechen liegt meist in einer Form der Armut (egal, ob materiell, spirituell, intellektuell, juristisch, ethisch,...) begründet. So sind Religionen, Glaubensrichtungen, Gesetzes-Recht, Etikette,... bloße Wunschgedanken kontrollwütiger und oft frustrierter Narren, die Einfachheit durch ausschalten von Abweichung/Abweichlern herbei zu führen versuchen. Dieses führt zu einer Spaltung der Gesellschaft in Gläubige und sog. Ungläubige und Heretiker. Oder in "legale" Mörder, Diebe, Ausbeuter,... und sog. Kriminelle. Oder in getrennte Nationen. etc., etc.,... Oder in Ärmere und Reichere, was den Teufelskreis schließt. Und, nein, ich glaube nicht an Gott, Götter, Teufel, Dämonen, Geister,..., bloß, weil ich diese Begriffe verwende. Ich tue dies, weil ich frei bin und dadurch zur Zeit mehr bewegen kann.

Die natürliche Evolution ist nur bedingt zu "überlisten". Die Ängste, die man "verliert", indem man sich einem Staat, einem sog. "Glauben" (was hier Religion, Sekte, Kirche, oder Ideologie,... meint) anschließt, kommt irgendwo anders wieder zum Vorschein. Denn als Folge dieser "Verdrängung" bekommt man dann Angst um den Staat, die Gemeinde, die Kommune,... gerade, wenn und weil es auch meist andere, konkurrierende Gruppen gibt. Außerdem wird nach ähnlichem Muster die Auslese der Natur "verdrängt". Menschen sterben nicht mehr so oft in der freien, wilden Natur, sondern kommen in Kriegen aller Art, an sogenannten Zivilisationskrankheiten,... ums Leben. Da zum Beispiel im Staat alle zu einer Art Soldat oder Prostituierten werden, was Stolz, Naivität,... zerstört, was aber durch Konsum, Macht, "Perversion",... ersetzt wird. So hat man als Herrscher(-Kaste) immer Crash-Test-Dummies, um Kriege zu führen und um zu Untersuchen, wie die Natur der Menschen beschaffen ist (medizinische Experimente, psychologische Untersuchungen,...). Dies macht Unterdrückung und Manipulation immer leichter. Konsum, Angst, Luxus,

"Sicherheiten",... "kaufen" dem Menschen seine "Seele" (seine gesunde, natürliche Persönlichkeit) nach und nach ab. So funktioniert der Mechanismus des Staates immer reibungsloser. Und da die verbogenen Menschen zur "Stillung" ihrer aus Unzufriedenheit (das Opfern des Stolzes, der gesunden Naivität, der aufrichtigen Liebe, der Freiheit,... muss entschädigt werden) entstehenden Bedürfnisse die Natur und Natürlichkeit in sich und um sich weiter zerstören und neue Ängste, Konsum, Luxus,... generieren, ist die totale Vernichtung des Ursprünglichen im Begriff herbeigeführt zu werden. Und viele Wahrheiten kommen seltener zu Tage, da sie als dem Prozess hinderlich eingeordnet werden, aus umfassend befähigten Individuen kleine spezialisierte Sklaven zu machen.

Das Natur-Prinzip der "Wilden", des freudschen "ES", sowie das Kultur-Prinzip der "Barbaren", des freudschen "Über-Ich" möchte ich durch das **Mixtur**-Prinzip der "**ernsten, doch lustigen Spieler**", des "**Über-Es**" ablösen. Es ist das Prinzip der maximalen eklektizistischen, bzw. synkretistischen Übernahme der Vorteile und geringstmöglichen Übernahme der Nachteile der ersten beiden Prinzipien.

Die Religionen, Ideologien,... haben für die Herrschenden großen Nutzen. Sie besänftigen die Armen, Kranken, Schwachen. Sie lassen die Unterdrückten und Ausgebeuteten in negativer Weise HOFFEN. So erdulden diese immer größeres Unrecht. Klar, Hoffnung besitzt, wie die Atombombe,... ebenfalls positive Eigenschaften. Menschen können wirklich-aussichtslose Situationen so besser ertragen. Punkt. Doch das Negative überwiegt derzeit, vielerorts,... bei weitem.

Religion und Politik sind bloß Werkzeuge. Meist zum Herrschen über die Massen und sich-beherrschen, mental und/oder körperlich. Außerdem ist Religion oft gesund, da man weniger nachdenkt, wenn man ja "Antworten" hat. Die Ressourcen spart sich der Körper, der Geist für Anderes. Doch sie ist flexiblem Neuem auf Dauer unterlegen, wenn dieses Neue funktioniert.

1.2.2. Das, was wahrscheinlich näher an einer wünschenswerten Realität ist

> Wie wäre die Idee eines fairen Handels zu bewerten, mit Löhnen, die sich an der tatsächlich geleisteten Gefährlichkeit, dem gesellschaftlichen Nutzen, der notwendigen körperlichen und geistigen Anstrengung, der Schwierigkeit und Dauer des Erlernens, den Investitionen bis man sie beherrscht,... der Arbeit bemessen. Mit Firmen, die den aktuellen und ehemaligen Arbeitern, gemessen an ihren Leistungen gehören? Warenkreisläufe, die sich an neue Preise, Nachfrage,... anpassen, die gibt es schon, doch dies darf nicht ausnutzbar sein. Dazu benötigt man Transparenz. Das gleiche gilt für Gesetze. Prinzipiell muss man alles, das einer gerechten Gesellschaft oder untadeligen Menschen an Unrecht, Schmerz,... widerfährt, Maßnahmen des Lehrens und Lernens ergreifen. Denn so lange so etwas vorkommt, ist auch die betreffende Gesellschaft nicht perfekt. Lebensqualität muss definiert werden, ohne dass harmlose Unterschiede in Motivationen, Zielen,... wegfallen. Nicht-harmlos ist das, was wider den "wahren Willen" geschieht, Organe oder Psyche bleibend einschränkt oder zerstört.

Armeen sind allgemein akzeptierte Organe der Staaten. Sie kosten jedoch viele Rohstoffe, welche allgemeinnütziger verwandt werden könnten und dienen beinahe nur der Verteidigung des Unrechtes, der ungleichen Verteilung von Wohlstand innerhalb eines Staates oder in der "Gemeinschaft" der Staaten. Eine Armee besteht aus teils zum töten und verletzen bereiten Menschen. Doch was soll an diesen primitiven Vorgehensweisen gut sein? Meinetwegen, derzeit (wenn ich "derzeit" schreibe meine ich das Jahr 2015) sind Armeen noch berechtigt, weil die Systeme heute primitiv und aggressiv vorgehen. Doch die geistige, materielle,... Armut erzeugt gerade diese Aggressivität. Armeen begründen sich selbst gegenseitig.

Hätten die Leute mehr zu verlieren, wären die Menschen nicht im derzeitigen Maße zu Mord, Gewalt, Ausbeutung gedängt. Auch dies nützt nur **wenigen**. Außerdem gehört die Welt eigentlich allen Menschen gleichermaßen. Dass jemand sich davon mit Gesetzen, Waffen (Polizei,...), Geld,.... etwas gesichert hat, das er gegen Andere einsetzt, ist schlecht. Solange Wachstum möglich ist, ist ein System, das dieses Wachstum in Wohlstand verwandelt, der VIELEN nutzt, denkbar. Doch die Grenzen des Wachstums werden spürbar, erkennbar, nähern sich. Und wenn mehr GERECHTIGKEIT, FREIZEIT, HARMONIE, GLEICHHEIT, sinnvoller WOHLSTAND (sinnvoll, weil nicht ungenutzt, wer benötigt schon drei Autos?), GESUNDHEIT, SOLIDARITÄT,... die Antwort IST, warum sollte man an einem auf ein totes Ende zulaufenden System festhalten??? Aus Faulheit, Angst, Dummheit, fehlerhaftem Egoismus,... ABER sind das gute Gründe? Endlose Freiheit, 100%ige Gleichheit, Gerechtigkeit, Wohlstand, ohne dafür zu arbeiten (wenn man arbeiten kann),... das ist mindestens Science-Fiction. Doch ein wesentlich besseres System für viele ist denkbar und WÜNSCHENSWERT. Warum nicht damit im kleinen einen Versuch wagen??? Vor allem, wenn das derzeitige System langsam immer mehr Unrecht, Terror, Armut, Umweltzerstörung,... hervorruft UND dennoch wächst (von Agrarflächen über Bevölkerungszahlen, über Ressourcenverbrauch,... bis Entwürdigung, Unterdrückung, Militärausgaben,...). Wie DUMM kann man sein? Ist das für manche ein Wettbewerb, wie sehr sie sich veräppeln lassen können? Na, gut. Für manche ist der Mensch ja schlecht. Für manche ist der Untergang erwünscht. Für manche ist die Situation unabänderlich. Und so weiter. DOCH das ist alles aus der Propaganda der Herrschenden übernommen, die ein INTERESSE AN DER RESIGNATION haben. Die Mächtigen wollen ja ihre bequeme Position halten und verbessern. UND unzufriedene, ängstliche, frustrierte Leute kaufen mehr Alkohol, Zigaretten, Süßigkeiten, Waffen, Make-Up,...

> Die Unwahrheiten der Religionen, Politik, Gesetze,... führen in der jeweiligen Religions-/...-Wissenschaft dazu, dass man Wissen schafft. Es wird ausgelegt, interpretiert, assoziiert, aber wenn die Basis eine Unwahrheit ist, wird letztere dadurch größer und immer komplexer. So lange, bis sie vielleicht niemand mehr durch- und überschauen kann. Doch mit einer Theologie, einer Rechtswissenschaft, Politikwissenschaften, die aus vielen, vielen Texten besteht, kann man eine Herrschaft aufbauen und die Kinder der Reichen, Mächtigen,... haben einen bequemen Job. Beispielsweise lesen, interpretieren, urteilen, ver(schlimm-)bessern, neue Texte schreiben, verkomplizieren, selten mal etwas präzisieren,...

ALL dies schildert nur **eine** Herangehensweise des Menschen an die Realität. Es stellt somit nur **EIN** Abbild des Denkens dar, das jedoch Einfluss auf die Welt hat. Teils sehr gut und genau messbaren und vorhersagbaren. Das Leben, als organisierte und informierte und teils darüber reflektierende Materie, ist etwas sehr Witziges UND manchmal Tragisches. Mehr außer dem nächsten Satz schreibe ich hier zu diesem Thema nicht. Dies ist **KEIN** Ausweg aus der Unlogik vieler Gläubiger, im Gegenteil.

2. Mögliche Konsequenzen aus der (Ver-) Nichtung des Unsinns

> *Gegen* das sogenannte "Fremde" zu kämpfen scheint leichter zu sein, als die ach so "tollen" Barrieren im eigenen Kopf zu lösen. Das endet tragischerweise im Töten und Verletzen, statt im Lernen. Im Grunde ist das auf Faulheit und Angst vor der Einsicht in die eigenen Fehler begründet. Lernen ist so schön, doch die Herrschenden wollen nicht, dass den Gläubigen zu viel und zu kluges Wissen vermittelt wird. Das entzieht nämlich die dann klügeren, mächtigeren Wissenden teils der Kontrolle durch die Herrschenden.

Die Menschen wollen "gut" sein, das ist die Grundlage meiner Motivation und der hier vorgestellten, vielleicht und im Idealfall wirksamen und umsetzbaren Verbesserungen. Kultur ist nicht (immer?) komplett in der Hand der Menschen, damit sozusagen unkontrolliert. Zivilisation, Staat, Glaubensinhalt,... gleichen einem Bewusstsein, das psychisch, "seelisch" krank ist. "Manifestiert" wird dies durch staatliche Einrichtungen und in deren Sinne Handelnde, seine Diener und damit vor allem seine "Führer" und "Verführer". Der Staat besteht überwiegend, um die Wünsche, Interessen und Bedürfnisse der Menschen zu befriedigen. Doch das ist nicht alles. Er selbst kommuniziert mittels der Menschen, aus den Teilen der Bewußtseine, der Rollenverständnisse der sogenannten Individuen, durch seine Bürger und durch diese mit den Bürgern anderer Staaten damit indirekt mit den anderen Staaten. Dies gilt auch für "Glaube", welcher die Wiege der Staaten und seine teils noch "lebendigen" Ahnen darstellt. Es gilt für Betriebe, Konzerne sowie andere Systeme. Gemein haben alle diese Abläufe, dass sie eine Eigendynamik besitzen und unvorhersehbare Anteile besitzen. Außerdem sind sie vielen nicht bewußt, gerade, wenn diese ihre eigene Rolle nicht überblicken und/oder kontrollieren. Gerade letzteres führt zum unkontrollierbaren Moment dieser Abläufe. Dies Buch soll eine bessere Kontrolle über diese Abläufe, mittels Lernen verschiedenster Rollen, Bewußtmachung, Distanzgewinn,... ermöglichen oder nur angemessen annähern.

> Gleichheit, im Sinne gleicher Chancen, ist ein wichtiges Evolutionsprinzip. Ungleichheit kann nämlich verursachen, dass aussortiert wird, wer und was für die Gesellschaft nützlich wäre, nur weil andere unfaire Vorteile erhalten oder der Nachteil zu starke Wirkung bekommt. Das Soziale gebietet zudem, dass weiterhin Unterschiede natürlichen Ursprungs tendenziell, so sie Nachteile für ein Individuum bedeuten, teilweise ausgeglichen werden. Die Wissenschaft lernt z.B. so durch das Anfertigen von "Prothesen", "Heilmitteln",... immer mehr über den Körper.

Eklektizismus und Synkretismus, sowie Kreativität sollen ebenfalls Methode sein. Neben dem Prüfen, auch auf Logik und damit SINN. Bezähmte, potentiell schier unbegrenzte Neugier ist wünschenswert, doch meist utopisch. Maximale Ernsthaftigkeit ist äußerst hilfreich, doch in der Praxis für viele schwer durchzuhalten.

Ein Rollenspiel, ein möglichst realistisches, in dem jeder eine "Rolle" spielen lernt, oder mehrere, zu spielen wäre eine Form der **Therapie der "Zivilisationskrankheit"**. Innerhalb dieses Simulationsspieles, im folgenden **OS (von: Operating System**, deutsch: Betriebssystem) genannt, lernt man spielerisch alternative Denk- und Handlungsmuster kennen und, im Idealfall, verstehen. Erst damit kann man als mündiger Bürger zu existieren lernen. Andere Methoden sind möglich. Im OS gibt es mehrere "Währungen". Diese sind: Leben, Zeit, Lebensqualität, Menschlichkeit, Wille, Innovation,... und auch (aber weniger bedeutend) Geld. Wie jedoch genau therapiert man ein System, das doch aus

Menschen zusammengesetzt ist, konkret? Und sind diese Menschen willig, dürfen sie auch gezwungen werden? Wie vermeidet man unrecht und Missbrauch? Wie garantiert man, dass die Abläufe zu guten Ergebnissen führen? Da fallen mir noch viele Fragen ein. Ich gehe mal so heran: Die derzeitigen Systeme laufen mehr oder weniger zufriedenstellend und führen nachgewiesenermaßen zu Unrecht und Unzufriedenheit,... Die Verbrecher finden sich auf allen Seiten. Diese Umweltzerstörer, Mörder, Diebe,... sind (noch?) **nicht krankheitseinsichtig**. Doch sie sind **selbstgefährdend und fremdgefährdend bis hin zur Schwerkriminalität.** Dies ist nicht gut, da es viel Leid und Tod zur Folge hat. Doch soll ein Polizist sich selbst verhaften, in "Haftung" nehmen? Klingt schwer zu realisieren. Zumindest auf diese Weise. Dass andere, die ihre Fehler nicht als solche sehen gelernt haben in Gefängnisse gesteckt werden, wie dies dummerweise im heute, da ich dies schreibe, noch geschieht, zu einer solchen Dummheit bin ich nicht auch gezwungen. Auch von oben und von weltfremden Theoretikern aufgezwungene Therapie, das wäre unrecht. Geldstrafen, Arbeitstherapie,... das führt nicht zu guten Ergebnissen. Nein, Reisen, Sprachen lernen, Rollenspiele, Sport,... OS nutzen,... das wäre es. Ein Musikinstrument lernen,... Kochen, etwas bauen,... so sieht der Weg in eine Therapie aus. Auch Gemeinschaft und Feste, Kennenlernen, das motiviert zu positiven Einstellungen. Die Angsteskälte der Religionen und Ideologien kann aufgegeben werden.

Mir ist noch nichts vorgekommen, das nicht zumindest **eine** logische Erklärung hat. Selbst Emotionen sind logisch. Sogar, wenn sie parathym, also unangemessen scheinen. Denn selbst solche, meist schwer nachvollziehbaren Phänomene sind erklärbar. Ein Beispiel: Man trauert um Gestorbene. Auch um die Toten Verwandten völlig fremder Menschen. Einmal zeigt man damit Mitgefühl, gar Mitleiden, welches soziale Bindungen, über diese zumindest potentielle

Solidaritätsbekundung, schafft oder stärkt. Zum anderen erzeugen Akzeptanz, sogar Ablehnung, Klarheit. Akzeptanz vermittelt Zugehörigkeit, was durch Bestätigung der Bindung Ängste nehmen kann. Die Gruppe schafft potentiell größere Sicherheit bis Nestwärme.

Wenn das sog. Negative weg ist: Kaum noch Helden, Heilung,... Konfliktlöser, Beweise von Hoffnung,...weil überflüssig.

3. Cui bono? (Versuch, die Verantwortlichen zu etwas Nützlichem zu motivieren)

"Cui bono?" ist ein Konzept aus der Kriminalistik. Dabei stellt sich der Ermittler die Frage, "Wem nutzt es?". Sucht man den/die, dem/der ein bedangenes Verbrechen am meisten nützt, findet man häufig den/die TäterIn/nen.

> Religion und Glaube frustriert oft, obwohl und weil er beruhigt. Die Antworten, welche starrer Glaube vermittelt, hindern am freien Lernen. Damit frustriert er, weil die Welt nicht starr funktioniert, zumindest meist. So entsteht unter Anderem der Hass auf diejenigen, die die Einschränkung der Gläubigen nicht annehmen. Auch das "Gute", das die Gläubigen aus möchtegern Überlegenheit und scheinheiliger Güte tun, führt, weil es nicht immer zu Erfolg führt, immer mal wieder zu Hass. Das Ventil, den Sünder, Ungläubigen,... in die Hölle,... zu wünschen, ist da auch nur teils hilfreich. Dass die Glaubens-Regeln kaum einhaltbar sind und auch bei Einhalten Frust entsteht, weil Glaube immer zu Zweifel führt, wenn die Welt vom Weltbild des Glaubens nicht komplett erklärt wird, macht dieses Konzept mangelhaft.

Die Gesellschaft ist krank. Das nützt manchen. Diese reservieren sich die Jobs, die ihnen die Macht und/oder das Geld,... bewahren. Sie erziehen auch ihre Kinder häufig so, dass diese weniger Komplexe haben, da sie über die Magie des "weniger-Probleme-habens" verfügen. Ihre Möglichkeiten geben ihnen Selbstvertrauen und Andere wollen etwas von ihnen. Dieses Machtgefühl macht teils stark, weil Zweifel seltener wird, wenn man mehr Möglichkeiten hat. Auch andere Mechanismen spielen eine Rolle. Das heißt nicht, dass dies schlechtere oder bessere Menschen sind, nur, dass dieser Eindruck entstehen kann.

Leider gibt es hier zwei Mechanismen: 1. Die Schwachen treten nach unten. Das heißt, sie tun etwas, das erstmal erleichtert, doch schlecht fürs Selbstwertgefühl ist, da weniger "Prestige" damit verbunden ist. 2. Die Schwachen biedern sich den Mächtigen/Reichen an. Auch das steigert nicht das Selbstwertgefühl. Ausweg wäre auch nicht, dass man die "oben" herunterholt, sondern, dass man die sozialen "Fitten", die zu UNRECHT, weil das System fehlerhaft ist, "unten" landeten, nach "oben" befördert.

> Da so ziemlich alle auch bewußt, und mehr als es notwendig ist, anderen Schaden zufügen, ob sie Brandroden, gesunde (und dazu zähle ich auch potentiell gesunde aber krank-gezüchtete) Tiere schlachten, Kriege führen, an der Börse spekulieren oder andere Fehler begehen. Sie
> resignieren ob der eigenen Schwäche und lassen fragloser und Widerstandsloser Leid zu, das ihnen zugefügt wird. Doch zu ca. 90-99% sind die Systeme die Ursache dieser Situation. Und diese Systeme
> kann man verbessern.

Sind die Mächtigen Priester, sollen alle glauben. Sind die Mächtigen Politiker, sollen alle der Polizei folge leisten. Sind die Mächtigen Händler, soll man kaufen. Und wem nutzt das alles? Dem, der mit dem Laptop arbeitet, um sich einen neuen Laptop leisten zu können? Dem, dessen Freiheit durch totale Umweltzerstörung auf künstliche Biosphären limitiert wird? Dem, der im Virtuellen in tagelanger Arbeit neue Welten schafft, die mit einer Änderung der Modes/Codes verloren gehen? Veränderung stellt eine Gefahr dar, sich zu verlieren, doch ist es auch die einzige Aussicht auf Verbesserung. Klingt das nach Hoffnung? Japp! Hoffnung, die jedoch zu Verbesserung führen kann, weil man etwas lernt und tut. Und Lernen ist öfters gut. Reisen, Personen kennenlernen,... all dies hat nur SINN, wenn man lernen kann. Doch, um die Schäden zu verhindern, die

Gefahr des sich-Verlierens zu minimieren, schreibe ich dieses Buch. Damit Du Gewissheiten finden kannst. Oder damit Du eine Gewissheit findest: Dass ich ein Mensch bin, der wie so viele das Gute will. Hinterlässt mein Text hier bleibenden Eindruck? Es kann ja sein, dass ich etwas entscheidendes übersehe. Aber bitte jetzt nicht mit dem: "Das System funktioniert doch!" kommen. Denn auch ein Countdown einer Selbstzerstörung funktioniert, bis... Man sollte demnach sagen, dass womöglich jede Spezies, deren Fähigkeiten irgerndwo, irgendwie,... überlegen waren, einen BOOM erlebt haben muss. Sie haben sich schnell verbreitet, bis der "einregulierende" Fall kam. Sagt man nicht Hochmut kommt vor dem Fall?!? Doch das ist Spekulkation meinerseits.

Keine Spekulation ist folgendes: Die Herrschenden entzweien ihre Unteren, hetzen sie gegeneinander auf. So sind sie beschäftigt, vergeuden Energie und töten, verletzen,... einander. Wenn zwei, sich streiten, freut sich der Dritte. Die klügeren geben nach und halten sich heraus aus den Kämpfen. Gut ist dies fast oder überwiegend nur für die "Oben". Diese verkaufen Waffen, Drogen, Frauen, Männer, Kinder, Informationen, Krankheiten, Heilung, Sicherheit,... für Geld, Land, Macht, Wissen,... Das Ganze ist so gewachsen, doch nicht ohne Billigung der Meisten. Wie gesagt, es hat einigen sogar sehr genutzt, bisher. Doch diese Pforte schließt sich, der Nachteil überwiegt für immer mehr Menschen den Nutzen. Das soll heißen: Klar können wir weiter doof sein. So geben wir ganz brauchbare Soldaten, Huren,... Crash-Test-Dummies, Versuchspersonen, Kunden,... ab. Doch wieso sollen die Mächtigen nicht auch an den Nachteilen teilhaben sie abarbeiten. Sonst machen die doch immer weiter. Denn wenn sie immer nur profitieren, ist der Lerneffekt gleich NULL. Einfach gesagt: Solange die EntscheiderInnen von der Situation Vorteile haben, warum sollten sie etwas ändern? Denen sind die Leute doch fast egal, nur Mittel zum Zweck. Intelligenz hat nämlich mehrere Ausprägungen. Sie sollte vor allem nie herzlos sein. Sonst

äußert sie sich als Gerissenheit,...
Die Motive des Menschen sind auf die Abwehr von Angst ausgerichtet. Er sucht Sicherheit(en). Das Streben nach Macht ist nur ein negativer Auswuchs dieser nachvollziehbaren Bemühungen. Im Grunde ist die geschlechtliche Paarung, samt Vermehrung und das Überleben der Nachkommen, deren Paarung,... Grundmotiv fast allen Handelns. Die Moderne hält für den Menschen jedoch immer mehr Ablenkungen, "Prüfungen", Neues, Einschüchterungen,... bereit. Folge ist oft, dass der Schwache "krampft". Das soll heißen er klammert sich an Sicherheiten, beutet sich und die Natur so lange aus, dass sie die entnommenen Waren, Tiere, Güter, Rohstoffe, Leistungen immer schwerer ersetzen, regenerieren,... kann. Das Wachstum läuft sich tot. So muss man diese Entwicklung nicht mehr nur hinterfragen, sondern schnellstmöglich korrigieren. Ein Umstand, der zum Umdenken zwingt, oder???. Dummerweise gibt es einige, die von einem solchen Wandel NICHT profitieren, denen er schadet. Und diese Personengruppe sind die Mächtigen, Reichen,... Daher müssen für alle Anreize für Wandel geschaffen werden oder radikaler: Die Gesellschaft muss gänzlich neu gedacht und später neu gemacht werden. Hier ein mögliches Modell dafür.

Die Reichen haben, wie (einzelne in) Gruppen mehr Ruhe, durch ihre (eingebildete) Macht, ihren Besitz. Das macht beim Handeln (einseitige Kompromisse zu Gunsten des zu unrecht tendenziell Stärkeren), Denken (angstfreieres Denken) und Fühlen (Sicherheitsgefühl) einen Unterschied.

Wer ausgebeutet wird, soll erst darüber jammern dürfen, wenn er niemanden mehr ausbeutet.

Ökonomie muss ethisch einwandfrei sein.
PC-Spiele sollten keine Flucht aus dem Alltag ermöglichen, sonst wird dieses von den Angstmachern und anderen in der

Realität des Alltags zum Problem. Andere leiden dann vielleicht im Alltagsleben, weil der Spieler sich virtuell beweisen will/zu müssen glaubt und ihm Energie für den Alltag fehlt, wo er jedoch eine Verantwortung hat..
Wer hindert uns daran, die Fehler der Vergangenheit zu beheben, wer??? Wer hindert uns am Lernen? In der Regel hat jeder etwas Recht. Wer die Fehler toleriert, billigt Verbrechen, ob kleine, ob große Missetaten.

Die Kultur/en hat/haben so viel von der gültigen Wahrheit abweichende Information geschaffen, dass kaum jemand den Überblick behalten oder auch nur bekommen kann. So treibt das Raumschiff Erde immer orientierungsloser und SINNloser herum. Mit Arbeit ohne SINN, außer dem Schein-Gelde wegen, mit Kriegen ohne einen derzeit echten und notwendigen Grund, mit Armut allein dazu, damit andere viel zu reich werden, mit Kriminalität die mit Strafe geahndet wird aber ohne volles Verschulden des Täters.... Alles durch Angst und Lust angeheizt. So erklären sich zum Beispiel Filme mit Happy-End, Horrorfilme,... Als Quellen der Auslese von Ängstlichen, Mutigen,... Bücher als Auslese von Klug und Töricht,... Religion zur Schaffung von Führern/Auslegern/Angebern und Opfern/Passiven/Folgenden,... Betrachtet man es Konstruktiv, lernt man vielleicht aus alledem. Schade, dass die Auslese der Kultur parteiisch ist. Durch das Vererben von Besitz im großen Maßstab werden Gute chancenlos gemacht, und Unfitte kommen durch. Das verursacht Unsinn. Klar soll niemand SINNlos sterben, unnütz leiden,... aber erstmal habe ICH den Schrott nicht fabriziert. Zum anderen wäre eine gesündere Gesellschaft für die Schwachen genauso positiv zu bewerten, wie für die Starken. Denn die Regeln wären klarer und damit die potentielle Freiheit. Zudem wäre die Gleichheit eine Voraussetzung für durchnittlich größeres Glück. Wer immernoch zeigen will, dass er "härter", "brutaler", "leistungsfähiger", "demütiger", "devoter",... sein kann, darf niemandem damit übermäßig schaden. Denn das gerade für Männer anscheinend reizvolle "Durchhalten", Kämpfen, Gehorchen, Mitläufertum und in der Gruppe "stark"-fühlen, "sich und andere opfern",... all das ist KRIEGS-Vokabular. Dummerweise nützt das nur solange etwas, wie die Waffen und zum Rauben eingesetzten Werkzeuge nicht allzu fatale Folgen für den "Sandkasten" Erde haben und ein gesundes Maß finden.

Wer meinen sollte, dass die Welt besser funktionieren würde, sobald die Menschen mehr Disziplin, Gehorsam,... zeigen, hat den Hass-Hetzerei-Propaganda-Kram der Herrschenden geschluck. Denn diese wollen möglichst viele Menschen immer besser ausbeuten. Dieser Kram hilft ihnen dabei, den Plan umzusetzen. Die Reichen und Mächtigen selbst sind frustriert, da sie auch sehr diszipliniert sein müssen, zumindest manche von ihnen manchmal. Sie würden gern die Zügel bei sich selbst gänzlich fahren lassen, doch das würden die Ausgebeuteten eventuell übelnehmen. Man stelle sich Herrscher vor, die sich offen über die Dummheit armer Arbeiter lustig machen, die die Partei des Herrschers unterstützt haben. Die Reichen sind sich der metastabilen Lage stets bewußt. Auch hier wirkt A. Smith´s unsichtbare Hand (Gewissen?/Skrupel?/...). Insgesamt ist eben Kultur nur eine Variation und gleichermaßen Teil der Natur. So wie die Reichen zwar mehr Ressourcen "potenziell" zur Verfügung haben, doch dies in einem Leben nicht gänzlich ausschöpfen können. Manche sehr tolle Sachen, Geschehnisse, Erlebnisse,... entgehen ihnen völlig. Auch der Umstand, dass sie sehr häufig vermuten (müssen), dass ihnen Sympathien, Privilegien,... nur zukommen, weil sie mächtig, reich,... sind, schmälert deren Lebensqualität stets ein wenig. Ausnahmen von diesen Regeln sind nicht auszuschließen.

4. Das Problem der Konkurrenz

Da die Systeme alle "selbst" überleben wollen und meist erfolgreicher, selten erfüllter als in der Natur "zurückgebliebene" Menschliche Zusammenlebensformen und Individuen sind, wächst die Bevölkerung zumindest aber der Rohstoffhunger. Kultur-Systeme "wollen" wachsen. Beides erzeugt und/oder erhöht den Druck zu expandieren, teils durch Angst, teils durch Lust motiviert. Konflikte und Reibereien, Missverständnisse,... bleiben nicht aus. Religion, Ideologie und andere als "Recht" behauptete und angenommene Denk- und Handlungsmuster dienen der Begründung der "Richtigkeit" der Expansion oder Verteidigung der jeweiligen eigenen Gruppe.

> **Durch die Kombination von Inflation, beispielsweise durch das zusätzliche Drucken von "Scheinen", sowie Lohnerhöhungen, wird gerade bei Ländern mit sogenannter Leitwährung das Kapital im eigenen Land oder Verbund gestärkt. Arbeiten tut nicht das Geld, sondern Menschen in schwächeren Regionen im globalen "Ökonosystem" (ökonomischen System).**

Erst bringt man Anderen den Krieg, dann zeigt man armgemachten, destabilisierten Regionen, dass man sich leisten kann ihnen zu helfen. Das macht diese Gebiete noch instabiler. Missionierung, Demütigung durch "Hilfe" verschleiert. Glauben die Armen, Hungernden, Machtlosen, Religiösen wirklich an eine Prüfung Gottes?? Gerade, wenn man sich fragt, wer das Unglück erst geschehen ließ, weniger. Natur in ihrer Zufälligkeit, derzeitigen Unkontrollierbarkeit zu akzeptieren, fällt oft schwer.

> **Das Hetzen durch Schule, Ausbildung, Studium und die "Überinformation",... lenken vom Problem ab und schaffen es erst.**

Die religiösen Texte sichern sich ganz gut gegen ihre eigenen Schwachpunkte. Auswege aus Regeln werden verschleiert, verboten,... Angst vor Abweichlern wird auf eben diese als physische und/oder psychische gelenkt, indem es akzeptiert wird, diese zu strafen,... . Lücken in der Logik werden durch Wiederholung von leeren Sprüchen, Gesetzen oder Unsinn übertüncht. Suche nach Beweisen oder Widerlegung von Glauben wird tabuisiert,... um Gewissheit vorzutäuschen. UND Wissen, mit dem man der Kontrolle durch (Ver-)Führer entkommen könnte, wird von Priestern besonders sanktioniert. Die ANDEREN, das ANDERE ist immer schlechter,- so wird es dargestellt.

Die Konkurrenz führt im Grunde immer zu Wettrüsten, ob Wirtschaftlich, durch Förderung vom Wachstum der Population, Tendenz zu Armut, Ausbeutung der Natur,... Zeitmangel ist nur eines der Symptome, neben Krankheit, Verrohung, Hoffnung, Glaube und Partnerwahl nach Kriterien wie Reichtum, Macht, Skrupellosigkeit, Kälte (emotionale Kälte, "Coolness"),...

Begründet man Armeen wirklich nicht nur mit unnötigen Feinden, sondern sogar schon mit möglicher Verteidigung gegen außerirdische, außerdimensionale,... Angreifer??? Außerirdische müssen doch nur, falls sie dazu Technologie benutzen, einen Antrieb besitzen, von anderen Sternen, Planeten,... zu uns zu gelangen. Sie bräuchten bloß Asteroiden zur Erde steuern... Biologische, chemische, genetische, mentale,... Techniken,... wären ebenso denkbar. Wieder einmal wird das "gemeine" Volk mit Angst zum arbeiten, kämpfen,... gebracht. Das für sich wäre gut, würde es nicht immer umfassender gemacht, bei durch dieses Tun rapide schwindenden Resourcen und letzteres aufgrund wachsenden Konsums.

In der Konkurrenz werden die Leute durch das "bessere

Auto", "glücklicher" Blickende, "schönere" Menschen, Make-Up-Masken, mehr Besitz, scheinbare Sicherheiten (welche häufig von Besitz herrühren, kompensierte Minderwertigkeitsgefühle),... irritiert. Sie fühlen sich dann minderwertig(er) und "müssen" sich ihren eigenen Wert wieder beweisen. Das erinnert an den Rüstungswettlauf im kalten Krieg, der ähnliche Gründe hat und verdeckt immernoch andauert. In dem Fall liegt es daran, dass die Umstände sich nicht gänzlich und grundlegend geändert haben. Die Nationen bestehen weiterhin, wie ihre gegenseitige Konkurrenz,.... Mit diesem Zustand sind letztenendes nur die Hersteller der Waffen, der Illusionen, der Werbung für Produkte (zu denen sich die Leute durch ihren Konsum machen),... häufiger zufrieden. Die Normalos scheuen gar die Zufriedenheit, sehen in ihr ein "Aufgeben", ein "Kapitulieren", ein Ende ihrer "Motivation zum Kampf um immer mehr". Insgesamt ist all dies ein sehr patriarchalisches, hierarchisches, ausbeuterisches, expansives,... Modell, das am dem absehbaren Ende des Wachstums zu Grunde gehen könnte.

> Die Konkurrenz provoziert Fehler. Die klügere Masse macht weniger davon aber wenn, dann auch eher fatalere. Der Zufriedenere wird an die Seite gedrängt vom strebenden und getriebenen Unzufriedenen. Ruhe wird Mangelware. Denken in der Weite wird vom Problemlösen und Kopieren alter Konzepte abgelöst. Freiheit und Friede werden durch die Hektik und Konflikte vom inneren Gefühl zu den Zuständen "neue" Möglichkeiten und "kein Krieg" uminterpretiert. Friede,... zu finden wird so schwer.

Durch die Beschäftigung mit Wichtigen UND Unwichtigen Themen, Problemen, Personen,... beruhigen sich die Leute. Das eine will Probleme lösen durch Veränderung der Bedingungen auf der Welt, im Großen. Das andere ist eher ein Imponiergehabe oder Dummheit.

Neugier, Imponiergehabe und Widerstand gegen Grenzen: Diese Elemente gehören abschnitthalber zusammen. Dass sie zur Erklärung vieler, ansonsten irrational erscheinender Verhaltensweisen des Menschen beitragen, ist recht amüsant. Leider auch wiederum manchmal tragisch. Wer den SINN aus den Augen verliert, kann Fehlerhaftes eher tun, weil er/sie sehen will, was passiert. Oder, um zu zeigen, wie groß das Zutrauen in die eigenen Fähigkeiten ist. Oder, weil er gegen die Angst, die vor bestimmten Unbekannten Fühl-, Denk- und Handelsweisen hat, beziehungsweise gemacht bekommt, vorgehen will, da er Erfahrungs,- Geld,- Macht,- ...,- Gewinn erhofft. Das Schwinden der "Wahrheit" führt durch das Lernen aus dadurch folgenden Fehlern, wieder zur "Wahrheit"

Dass die steigende Nachfrage nach einem vielleicht wichtigen Gut den Preis desselben steigen lässt, ist nicht immer gut.

Touristen sind auch irgendwie "Terroristen", denn sie sind "Boten" der Kultur, aus der sie stammen und tragen die Demütigung mit sich. Dies äußert sich darin, dass sie Partner im Urlaubsland suchen, die Kultur bagatellisieren, Respekt oft nur für Ruinen, Bilder,... aufbringen und signalisieren: "Ein Leben hier ist "billig, leicht" für mich!" Es gibt aber auch Ausnahmen.

5. Der abstrakte Teil des Buches

> Es geht derzeit nicht mehr so "recht" um die Richtigkeit dessen, was man tut, sondern immer mehr um das Können. Das heißt, es wird weniger wichtig, ob und warum man Feinde hat, und ob man diese Feinde töten sollte. Es wird wichtiger, WIE man es schafft, ermöglicht, das heißt, auf welche Weise man die Fertigkeit erlangt, es schafft, diese Feinde tötet, verletzt, demütigt, foltert, prägt, ausbeutet... Ob das ein Fortschritt ist?!? Eine Entwicklung vom mehr oder weniger kultivierten und naiven Philosophen zum scheinheiligen Barbaren...?

Wer der Gesellschaft der Menschen schadet, muss eine freiwillige, konstruktive, sanfte und transparente Therapie bekommen.

Das Universum, alles, ja, mit etwas kleinerem konnte ich nicht beginnen, kann nicht durchweg endlich sein. Zumindest im menschlichen Begriffs-Vermögen. Denn dann wäre es auch endlich-endlich. Dieses "endliche Endlich" ist (=) unendlich!

Denn nicht allein Mathematik stellt eine Methode des Verstehen-wollens und Begreifbarer-machen-wollens dar. Auch, und vielleicht gerade Sprache dient diesem Zweck ganz gut. Symbole sind für, doch sollte ich nicht sagen "auf" beiden Wegen wichtig. Unendlich (?), das sind im Grunde zwei oder drei oder wieviele? Unendlichkeiten. Zum Beispiel die von der Null, dem "Nichts", welche die Grenze zweier Unendlichkeiten setzt, welche jedoch selbst "nicht-existiert". Von ihr aus gehen Unendlichkeiten ins Positive und ins Negative. Den meisten Menschen ist nicht einmal bewußt, dass die Null gar keine Zahl darstellt. Wer es nicht glaubt, soll sie einmal oder häufiger zählen. Die Formel $0 \times 0 = 0$ ist bereits bekannt. Sie stellt jedoch bloß einen Kompromiss dar. Erst durch die Formel $0 \times 0 \neq 0$ ergänzt, wird der SINN für kreative und dennoch wissenschaftlich geschulte Menschen deutlich. Dazu gebe ich nur folgende Hilfestellung:

Einmal ein Apfel = ein Apfel
Einmal eins = eins
Null mal ein Apfel = kein Apfel
Null mal Null = (kein Null?)
+∞, 0, -∞ dieses sind die drei Unendlichkeiten. Wobei Nichts durch seine Nichtexistenz „existiert". Die Formeln 0x0=0 und 0x0≠0 stellen zwei Annäherungen an 0 dar. Die „Probe" auf Teile dieser Theorie ist, dass das „Nichts" (der Tod?) der große „Gleichmacher" zu sein verspricht. Denn „ein Apfel" ist etwas anderes als „ein Elefant" aber „kein Apfel" ist das gleiche wie „kein Elefant" oder „kein sonstwas". Einzig „kein Nichts" ist AUCH, unter anderem das, was „ein Apfel" darstellt. Zu komplex? Einfacher kann ichs noch nicht erklären. 0X0≠0 ergibt, dass 0 hier ALLES außer 0 ist. Was ein Multiversum als Hilfskonstruktion in den Unendlichkeiten möglich, doch unwahrscheinlich macht. Denn 0x0=0 und 0x0≠0 begrenzen einander, wie gesagt. Leider sind diese Ideen zwar gültig, doch decken sie nur das begrenzte Vorstellungsvermögen von Menschen ab, klären **nur** das, was hier beschrieben wird. Was bedeutet, dass das Konzept Gott/Götter im Rahmen des Weltverständnisses dessen, was sich Menschen bisher dachten, ungültig ist. Allein der Staat, die Religion sind, im Kopf der darauf geprägten Individuen, irgendwie „real". Da sie Schwarmbewußtsein ähneln, bestimmten Charakter, wie Minderwertigkeitsgefühle, Ängste,... Begierden, wirkliche Macht,... zu haben scheinen, benötigen sie Überwachung und teils Therapie.

Die Bedeutung dieser Definitionen für alle Wissenschaften ist potentiell groß, meiner Erkenntnis nach. Ich konnte in der Physik, der Mathematik, der K.I.-Forschung, der Biologie, Neurologie und anderen Bereichen wie der Soziologie bereits den Schleier lüften. Vielleicht ist jedoch alles in diesem Kapitel geschriebene falsch ODER nur die Antwort auf die Frage nach der Existenz eines Gottes (oder mehrerer), die lautet: Ja, er existiert in unserer Vorstellung und damit einerseits wirklich, manifestiert im Staat und der Wissenschaft, sonst jedoch nicht. Ich wollte nur mal „darüber reden". Verzeiht mir in diesem Falle. Weitere Hin-, nicht Be-weise für meine These, dass die Bottom-Up Methode Naturwissenschaft, sowie die Top-Down Idee der Geisteswissenschaften und Religionen beide eine gewisse Gültigkeit besitzen, einander gar ergänzen und sich gegenseitig derart auf die Probe stellen, dass nur die zu bestimmten Momenten besten Methoden, Erkenntnisse,... Überleben, kommen. Eines möchte ich hier noch ergänzen: Irrationalität und Rationalität sind Werkzeuge, besitzen Eigenschaften, welche dem Menschen dienen und je nach Situation schaden können. Sie bilden erst hier in diesem Buch die Realität, die dem Menschen zugänglich ist, seine Methode der Realitätserfahrung, der Selbsterfahrung, der Grenzen dieser beiden Konzepte,... zumindest ausreichend genau für ein Urteil ab. UND all dies sind Konzepte, die Menschen bekannt sind. Gar stellen sie ein Abbild seines DERZEITIGEN Denkens dar. Was kommt dann? Gibt es ein „was?", gibt es ein „dann" oder... whatever?!?

> **Will man "ALLES" verstehen, kann es helfen, einen Eindruck vom "NICHTS" als Vergleichsparameter zu bekommen.**

Gott, in unserer Vorstellung ist er existent. Dadurch gibt es ihn und gleichzeitig gibt es ihn nicht. Eine Art Dualismus. Dadurch kann der Mensch, mittels der Vorstellung von einem Gott, selbst göttliche Taten vollbringen. Kann göttliches Verstehen erlangen,... aber auch hochmütig, gar übermütig werden und dadurch scheitern. Durch das gleichzeitige Vorstellen und damit Erschaffen Gottes und der materiellen Nichtexistenz, können Begrenzungen aus vorherigen Kapiteln scheinbar „fallen". Jedoch nur für den Bereich der Erkenntnis, des Denkens, der Vorstellung. Gott kann durch seine teilweise Nicht-Existenz auch allmächtig sein. Aber bloß zu „allem-Möglichen"-mächtig. Auch in den Formeln, siehe oben, kommt die Begrenzung der Macht für ALLE und ALLES zum Ausdruck. Denn, Gott ist auf einen festen Punkt, zum Beispiel seine eigene Existenz angewiesen, um die Welt zu bewegen. Damit allein ist Allmacht widersinnig. Die eine Formel begrenzt die andere. Atheisten glauben an die eine Sicht, Götter/Gottgläubige an die Andere. Eine Medaille. Beide glauben, hier im Buch das Wissen. Nebenbei: Glaube ist eine Angststörung, die durch Größenwahn kompensiert wird und durch Wissen behoben Da muss man im Grunde zartfühlender sein, als ich hier immer kann. Aber dieses Angst und Hasszeug, die Klug-sein-Wollerei (verzeiht dieses Wort-Dings), die möchtegern Liebsei- und Gönner- Fassade der einen, sowie die Mitläufer-Mitte und die Extremisten,... alles eine Medaille. Die einen tun so, als hätten sie keine Angst, die anderen haben kaum Angst, doch nur aus Dummheit oder Gleichgültigkeit. Und die Wichtigtuerei, oje. Leider wirkt auch dies, mein Buch so, aber nur, wenn man es nicht kapiert.

Mehr schreibe ich hier nicht, denn es gibt Leute, die hierin einen Beweis für die Existenz Gottes oder einen Fehler meinerseits sehen könnten. Oder eine Möglichkeit, meine Widerlegung der göttlichen Attribute wiederum zu widerlegen. Solche Leute haben nicht viel verstanden, denn dazu müssten sie das hier geschriebene von diesem, nennen wir es Gipfel, bis zum letzten Sandkörnchen des Fundamentes der Wissenschaften, die die Welt abbilden, widerlegen. Viel Spaß dabei! Aber das kenne ich. Eine längere Therapie wäre eine Weise, ihnen zu helfen. Doch wären sie selbstverständlich die Patienten, nicht die Pfleger oder Therapeuten.

Meine Thesen, die durch Logik und Psychologie erklärt und bewiesen beziehungsweise beweisbar sind (das denke ich zumindest), kommen bloß gegen die sturen Menschen, die in Allmacht etwas unbegrenztes sehen, nämlich die ALL-Macht, nicht gänzlich an. Für diese Narren, denen dann eben das Himmelreich gehört, sollte man trotz allem Räume schaffen. Denn ein eingebildetes Wahres ist, wie hier geschildert, an ihrem Glauben dran und die Vielfalt, die ergänzt und nicht schadet, hat auch für diese Dummen, das heißt „geistig Armen" einen Platz. Als Truppen in einem (militärischen oder ökonomischen,...) Krieg eingesetzt, wo nur Kampfgeist und Durchhaltevermögen, Sturheit, Trotz,... Zähigkeit und Dummheit zählen, wären sie wahrlich erschreckend. Doch die Welt beherrschen sollten sie nicht (länger?), denn sie hinterlassen Leid, Traumata, Terror, Doofheit und Verwüstung. Ich bin gegen Krieg, selbst wenn ich ihn sicher „gewinnen" würde.

Ein Arzt muss volles Interesse an der Heilung der Patienten haben. Finanzielles sollte keine Rolle spielen. Die Industrie muss ein Interesse an den bestmöglichen Produkten bekommen, zu dem geringsten ohne Probleme möglichen Preis. Politiker sollten die Zufriedenheit der Menschen in den Mittelpunkt stellen und danach bezahlt werden, wie gut sie ihre Arbeit machen. Richter und Versicherungen sollten die Ursache der Verbrechen bekämpfen und nur Verbrecher bestrafen, durch Therapie, die ohne Not Verbrechen begingen. Priester sollten weniger Angst schüren und Dummheit besser verringern. Die Masche mit dem Angstmachen und sich für Erleichterung derselben durchfüttern lassen, gehört in die Geisterbahn, nicht in die normale Gesellschaft.

Diejenigen, die sich erniedrigen und verkaufen, ehöhen den Druck auf andere, das ebenfalls zu tun.

Der Verstand ist wichtiger, als die Religion, das Verstehen ist bedeutsamer als der Glaube. Denn Verstand und Verstehen zeigen die Schwachpunkte des Glaubens und funktionieren unabhängig davon, teils berechenbar. Religion und Glaube jedoch sind ohne Verstand NICHTS.

> Derjenige Mensch, der nicht dem Herzen folgt, ich meine, seiner konstruktiven Logik, lebt oft in einem Gefängnis aus Widersprüchen. Doch dafür kann er leckeres Fleisch essen, Hungernde hungern lassen und so weiter. DAS ist die Matrix (Gebärmutter) für den MENSCHEN.

Todesstrafe als Ausdruck des Gesetzes ist nicht nur meist ungerecht, sondern auch dumm. Denn Straftäter können am plastischsten UnSINN der Taten sowie deren Zustandekommen mitteilen. Andere in eine Hölle zu wünschen, das ist oft nicht nett und zeugt von schlechter Erziehung oder erlebten Traumata in der Kindheit.

Selbst die Mächtigen fürchten letztendlich den Tod.

> Man könnte das Internet und Smartphone für Umfragen und Wahlen nutzen. Man baut halt täglich ein, zwei Fragen in Chats,... ein. Oder so!?!

Religiöser Glaube macht entweder aggressiv oder demütig. Religion verhindert im Idealfall ein „Abheben", unterdrückt aber auch Menschen, Gedanken,... Wenn man nicht glaubt, dass der Mensch von affenartigen Tieren abstammt, kann man sich erstmal das Unrecht der Welt nur durch äußere, „böse" Mächte oder im Menschen steckendes „Böses" erklären. Oder man wird noch kreativer. Dass der Wandel und die Fehlerhaftigkeit (Fehler wiederum vom Fehlen passender Verhaltensmuster) die Probleme verursachen könnten... ist wohl für manche eine allzu langweilige, komplexe, demütigende(?),... Vorstellung.

Der Mensch führt Krieg mit Natur, Mensch und Psyche. Umweltzerstörung, militärische Kriege Schlachthöfe, Gefängnisse, unnötige Dummheit, Besserwisserei (Buhlen um unnötige Details, Streit um aus verschiedenen Blickwinkeln stammende „Fakten",...), Armut, Glaube,...

hindern an einer Entwicklung zum **MENSCHEN**. Die Leute suchen lieber nach Verbündeten, Opfern, Tricks, Waffen,... um „voran zu kommen" und merken nicht, dass sie ihresgleichen und sich selbst nur selten trauen können.

Eine Therapie der Gesellschaft IST notwendig, WENN das Individuum vom System zu Missetaten (ein altmodisches aber recht treffendes Wort) verleitet wurde UND diese noch, ob traumatisch oder im Habitus verankert, verarbeiten muss. So IST die Verteidigung gegen innere UND äußere Bedrohungen für derzeitige SOWIE viele zukünftige Gesellschaften essenziell von Bedeutung. Doch das darf, darum MUSS man sich bemühen, nicht in Degeneration, Dekadenz, Perversion, Kriminalität, totale Vernichtung, unnötige Strenge, Lieblosigkeit,... ausarten. Anders WILL ich das nicht formulieren, denn im letzten Satz soll die Bedrohung durch diese Einstellungen, sowie der "TON", der einsetzt, sobald der FALL eintritt, anklingen (TIT for TAT).

Arbeit zu haben, nimmt uns Ängste, normalerweise. Doch die Arbeit ist teils gegen unsere Interessen gerichtet. So kann sie wiederum durch Folge von Destruktivität, zu viel Effizienz, ungleiche Verteilung,... neue Angst erzeugen. Teils ist die neue Angst dann noch größer, begründeter,... und treibt die Leute wiederum zum noch unsozialeren, umweltfeindlicheren,... Arbeiten.

6. OS, das Betriebssystem (DAS Werkzeug,- eine der möglichen Antworten auf übermäßige Destruktivität, auch auf meine)

> Ein System darf nicht dadurch vermeintlich dermaßen "gut" werden, dass es das Machen von Fehlern verhindert. Jedenfalls nicht, solange der Mensch noch Fehler machen muss, um zu lernen und Daten zu prüfen! Das wäre dann ein Fehler. ;)

Dies sollten zwar erst einmal nur Rollenspieler verstehen können, doch ich kann nicht immer alles erläutern:
Die Attribute werden im Idealfall durch Kräfte, durch das Ausmaß der Kontrolle über dieselben (Wirkungsgrad,...), das Verständnis, die Motivation sie einzusetzen,... oder die Kombinationen dieser Werte dargestellt. Die körperliche Kraft, STArke $17 \times 10^3 N$ kann, einen entsprechenden Vektor zur Gravitationskraft,... optional mitberücksichtigt, eine entsprechende Wirkung auslösen. Der Würfel (1W10, ein Zehnseitiger Würfel) oder mehrere derselben, kann in nahezu jeder Größenordnung als ..., 10^{-1}, 10^0, 10^1,... einen angemessenen Einfluss des Zufalls oder anderer Größen berücksichtigen, simulieren,... Auch der Wurf 2W6-2 (zwei sechsseitige Würfel geworfen, dann wird von der Summe 2 subtrahiert), der eine Gaussverteilung annähert, kann sinnvoll genutzt werden, doch dazu später vielleicht mehr.
Des Weiteren sind psychische Attribute, wie emotionale Intelligenz, Mut, Ängste, Leichtsinn, Coolness,... als Vor- und Nachteile denkbar. Alle Arten von Attributen können miteinander "konkurrieren", sich gegenseitig verstärken, die Kontrolle erhalten oder schwinden lassen,...
Das OS dient dem Lernen, da durch den maximierten "Realismus" Schulaufgaben im Spielablauf integriert werden

können. Das Beseitigen einer Barriere aus Holzstämmen mittels Hebel und Körperkraft kann zur Rechenaufgabe werden. Dabei kann versucht werden, abzulenken, oder andere Lösungswege zu erdenken. Dies kann auch zu Kommunikationskompetenzen führen, wenn Aktionen zur Zusammenarbeit führen/zwingen/einladen... Auch die Zukunft der eigenen Figur, des Spielers, der Welt, des eigenen Dorfes,... kann phantasiert, durchgespielt,... werden. So überrascht nur noch wenig. Die Verwendung von Naturgesetzen, das Spiel, die folgende Verinnerlichung,... dienen nicht allein dem aneignen von Wissen oder dem Spaß. Auch heiße Kulturen können so abgekühlt werden oder kalte erhitzt. Das gegenseitige und Sich-selbst-Kennenlernen mindern die Gefahr von Einsamkeit, überraschenden Auffälligkeiten im Verhalten und Denken. Mündigkeit wird maximiert...

Sci-Fi wäre eine Implementierung des OS im Computer. Soweit, dass die gesamte (bekannte) Realität abgebildet wird. Man kann vielleicht gar Geschehnisse vorhersagen. Oder man könnte dort als Kopie des Bewußtseins existieren. ODER einfach nur ein realistisches Spiel spielen und dabei lernen und Leute kennenlernen.

Dass es (fast) nur um die Fortpflanzung geht, findet darin Ausdruck, dass Leute, die sich eigene Welten, eigene Überlebenskonzepte, eigene Gesellschaften aufbauen dann, wenn sie sich durchsetzen, eher vermehren, dank Einfluss, Geld, (abgehängten) Anhängern (die sich am "Erfolgskonzept" orientieren, in der Gruppe verstecken, bzw. die Kraft der Gruppe nutzen,...),... Dabei spielt die innere Logik der Konzepte eine tragende oder tragische Rolle. Und es ist wichtig, dass das Konzept Vertrauen in Gewinn an Lust und/oder weniger Angst verspricht. Wer sich Neues ausdenkt, ohne sichtbar Krank zu sein, wer gar scheinbar sehr gesund wirkt, "darf" sich in der Regel vermehren. Die Realitätsnähe des Konzeptes spielt weniger eine Rolle, wenn man ein andauerndes, flächendeckendes Funktionieren voraussetzt. Witzig ist, in mancher Hinsicht, dass die Realität immer weniger bekannt ist, schon gar nicht in der Breite und Tiefe. Sie ist vielen geradezu fremd geworden. Da sie mit unserer Tierähnlichkeit, den Naturprozessen, dem Tod, der möglichen Armut, drohender und aktueller Krankheit, nicht übernommener Verantwortung, faulheitsverursachter Dummheit, Fremdenhass, Umweltzerstörung, korrumpierten Staaten,... gerade nicht so attraktive Seiten birgt. Ob das Konzept der Verleugnung weiterhin gut trägt, ist eine wahrscheinlich mit "NEIN!" zu beantwortende Frage.

7. Zum Autor

Ich bin zu 99,9%, ungefähr, von meiner Meinung überzeugt. Sie ist schließlich logisch und erklärt, warum die Welt und die Menschen so funktionieren, wie sie es augenscheinlich tun. Ausnahmen, Zeugs, das meinem System zuwiderhandelt oder sich nicht erklären lässt, hab ich bisher (kaum?) gefunden. Die Faulheit der Anderen gibt mir erst, dadurch Arbeit, dass hier die Erklärung und Optimierung von Systemen, liegenbleibt und damit Gelegenheit zu meinem Verständnis. Erst durch die Mängel, wird die Struktur der Systeme offengelegt. Leider oder zum Glück bin ich nicht sehr demütig. Gedemütigt zu werden behagt mir nicht. Andere zu demütigen, das musste ich leider erfahren, macht mir ebenso keine Freude. Allein: Vielleicht bin auch ich teilweise "blind" für meine eigenen Fehler. Doch die löst man sowieso und begründet meist auch am schwierigsten. Man benötigt dafür Hilfe von außen. Das ist von der Natur so zum Zwecke des Austausches und Zusammenarbeitens, beabsichtigt. Außerdem hat man für die eigenen Fehler, die einem bekannt sind häufig mehr Verständnis. Man kennt ihre Begründung in der eigenen Biografie. Daher ändern sich Menschen so selten. Sie finden sich "GUT", wie sie sind. Ok, das will ich niemandem nehmen, außer er schadet sich oder Anderen über ein gewisses Maß hinausgehend. Man nehme den Verbrechern das Argument, die RECHTFERTIGUNG ihrer Taten, dass sie so handeln "müssen", weil die Welt schlecht ist, und sie werden teils verzweifeln.

Ich bin offiziell verrückt. Doch das ist nur halb eine Begründung für dieses Buch. Ich weiß, wie es ist, "normal" zu sein. Ich kann jederzeit einen "Normalen" nachmachen. Laaangweilig! Und es macht krank, "normal" zu wirken und zu wissen, dass genau das "Normale" in die Irre führt. Und es ist schlimm, in der Irre zu sein. Als Verrückter ist man nur "Anders" als das, was die Mehrheit der jeweiligen Umwelt,

hier: die Erde des beginnenden 3. Jahrtausends, als "Norm" nimmt. Eben von der "Normalität" ver-rückt", versch(r)oben. Die Irren, welche auch verrückt sind, unterscheiden sich von diesen einfach-Verrückten, darin, dass sie keine Normalität mehr respektieren UND/ODER erreichen können. Sie töten, zerstören, hoffen, beten,... für ein Leben im sogenannten "Paradies" im Himmel. Oder, um einer imaginären Hölle zu entkommen. Oder um der Menschheit einen Dienst zu erweisen, den sie selbst nicht begreifen, geschweige denn erklären könnten. Was ich schreibe, gründet auf Selbstkritik, hat festen logischen oder nur empirischen, momentanen Grund. Wenn mir jemand etwas zeigt, das dies widerlegt, lerne ich gerne. Und lernen wollen wir ja alle, es sei denn, es wäre nutzloses Wissen. Doch ich bin nicht so eingebildet, dass ich hoffen kann, immer Recht zu haben. Dann hätte ich ja auch kaum Grund zu lernen. Nee, so dumm bin ich nicht. Ach, und ich bin gefährlich für alle, die mich in die Irre leiten wollten und wollen. Und gefährlich bin und war ich immer ungern, denn das zeugt von Schwäche. Also bitte seid alle lieb zu mir, *schnüff*!!! :D
Dieser Abschnitt ist auch für diejenigen hier, die von einem Buch zuerst das Ende lesen. Hallo, ihr Spaßvögel! Für alle anderen ist dies das Ende, ich schreibe es, damit immer ein Zweifel an meiner Integrität möglich bleibt und nur die Gutmütigen eine Motivation zum Lernen finden. Für die anderen bin ich keine Quelle von Wissen, sondern Gefahr für ihre Selbstsicherheit. Schade. Adé! Meine Verbrechen, auch wenn sie unter gesellschaftlichem Druck entstanden und mir der Prozess ihres Entstehens verständlich ist, lassen mich die Vergehen mancher Anderen im SYSTEM gefangenen verzeihlich wirken. Doch nur FALLS diese Täter lernen, bessere Menschen zu werden. Ich kann doch nix dafür, dass Wissenschaft mehr Logik und mehr Erklärungsmuster (!) bereit hält, als Glaube. Letzterer hat auch Gründe, die jedoch Unrecht sind. Wenn man keine Macht über sich selbst will, sondern einfache, gefährliche, schlecht bezahlte,... Arbeiten verrichten will, gut, dann

glaube den Politikern, Chefs, Priestern, Offizieren, der Polizei,... Die Angstmacherei der Priester, Politiker,... ist doch nur dazu da, damit diese ihre eigene Macht rechtfertigen. Das sollte in Freizeitparks verbannt werden. Ob Geisterbahn, "Wahr"sagerIn,... oder so, ist mir egal. Aus einer gerechteren, freieren, gesünderen Gesellschaft sollte man das bitte entfernen. BITTE!!!

Ja, auch ich will "nur" dass die Anderen, ihr, etwas tut. Doch es dient dem Beendigen der unnützen, schädlichen,... Arbeit.

> **Wenn Dich jemand auf die linke Wange schlägt, küsse ihn/sie liebevoll auf die rechte Wange (das ist ein Gleichnis). Sollte die Person daraus nichts lernen, sind andere Mittel gestattet. Jedoch immer die sanftesten, die möglich sind. :) Nächstenliebe in sich zu finden, muss man eigentlich immer versuchen. Doch darf man sie nicht vortäuschen, denn sonst läuft man Gefahr, zu demütigen!!! (...)**

"Hätte mich vielleicht nicht immer auf beide Seiten gleichzeitig stellen sollen. Die rechte, wie linke; die oben, wie unten;...!"

                (Der Autor zitiert sich selbst, arroganterweise)

8. Vermischtes

Um das Konzept der Fusion oder Vereinigung der Gegensätze, also der Wandlung von Dualismen in einen Monismus (der wiederum zu einem Dualismus höherer Ordnung erweitert werden kann) zu verdeutlichen ein Beispiel (oder Gleichnis) aus der Geschichte der Astronomie: Man dachte einst und denkt manchmal noch, die Erde stünde still. Andere denken, die Erde drehe sich um sich selbst und um die Sonne (Sol), welche wiederum innerhalb der Galaxie ihren Weg zieht. Beides ist richtig, und das jeweils andere aus Sicht der jeweiligen "absoluten" Wahrheit falsch. Es geht um die Perspektive! Man kann theoretisch von einem ABSOLUTEN STILLSTEHEN DER WELT ausgehen. Doch um damit etwas Physikalisches anzufangen, wie die Berechnung der Bahn anderer Himmelskörper, ist teils IRRER RECHENAUFWAND vonnöten. Das Weltbild, in dem die Welt sich bewegt ist EINFACH nur EINFACHER, nicht richtiger. Witzigerweise liegt die Wahrheit (nicht wesentlich wahrer als die anderen Versionen, aber ein sinnvoller Kompromiss) dazwischen. Die Masse und andere Einflüsse der Erde beeinflussen die Bahnen ALLER anderen Himmelskörper ein klitzeklitzekleines Bisschen. Umgekehrt bewirkt das Universum wahnsinnig viel auf der Welt. Der Mittelpunkt des Universums ist ein Kompromiss, dieser Satz ist wiederum doppeldeutig.
Man sollte auch den Standpunkt der Gegenseite mal kennenlernen, denn häufig ist dieser zumindest nicht komplett an den Haaren herbeigezogen. Bitte macht das, auch wenn Denken anstrengt.

Symbol für "weibliches Prinzip": blauer Kreis, "männliches Prinzip": rotes Dreieck. Fusion dieser Modelle: Hexfeld, rot und blau oder andersfarbig. Mich stört es nicht, auf Mord an Tier und Mensch zu verzichten, weil ich so an Wahrheiten komme. Auch ich "glaube" noch manchmal, weiß dann aber, dass das zu nicht viel taugt. Ja, auch Pflanzen haben Wahrnehmungen. Doch sie unterdrücken größtenteils ihren individuellen Drang, zu überleben, Ressourcen zu sparen,... um ihrer Art auf ihre Weise zu Vorteilen zu verhelfen. Also fangt bitte JETZT spätestens an, auch freier zu denken. Hab nimmer so viel Bock alles zu erklären... ;)

Dies Buch ist nur das beste mir derzeitig vorstellbare mögliche Modell. Und es vereint "nur" alle mir bekannten Strukturen mehrerer anderer Systeme in einer reduzierten Komplexität, also einer Vereinfachung. Meine Quellen waren Religionen, Sekten, Verfassungen, Gesetzbücher, Geschichte, Romane, Lebenspraxis, verschiedene Kulturen, mein Sein, usw.
Höflich und Freundlich definieren.

"Böse" und "schlecht" suchen und den richtigen Begriff einsetzen.

Wer als Gegner ernstgenommen werden kann, ist für die Gesellschaft häufig interessant

Dieses Buch ist NICHT meine komplette Meinung nur eine mögliche alternative Sichtweise, samt (überwiegend?) schlüssiger Begründung.

Dass Gott oder Götter nicht so existieren, wie Menschen, die an diese(n) glauben, es sich vorstellen, heißt nicht, dass es keine Regeln gibt. Nur, dass die auf diesen Aberglauben basierenden Regeln zu verbessern, nicht automatisch zu verschärfen oder abzuschwächen sind.

Für die Gruppen ein zu stehen, denen man selbst angehört, reicht nicht. Auch für die Menschen in anderen Gruppen mal Partei zu ergreifen, befreit aus der "Enge".

Das Machtgefühl, welches Gruppen ähnlich denkender unter

einer Führerin, einem Führer, entfalten KÖNNEN, ist reizvoll.

Das "Hacken" der Natur durchgeführt durch die Kultur, ist grausam, aber lehrreich für die Zerstörer. Mit der Erkenntnis, wie die Natur aufgebaut ist, kann man heilen oder vernichten. Das Gehirn des Menschen, mit dem evolutionären Prinzip ausgestattet, kann NEUES schöpfen. Als Mini-Natur, die simuliert wird. Vielleich auch irgendwann im Compurter... Doch vielleicht muss dazu die Natur getötet werden!!!

Rituale und Propaganda,... wie das Salutieren, Ruhmesgedanken, Pathos (zum Beispiel im Film), erleichtern die Überschreitung natürlicher Barrieren und Widerstände gegen Mord, Zerstörung, sich-opfern,... aber auch gegen manches SINNVOLLE.

Gänzlich vom allgemein Bekannten abweichende Rechtsvorstellungen sind denkbar. Selbst Recht, das "gerechter" als Naturgegebenes ist. Und SINNVOLLES "Recht", das das Verhalten des Menschen "überschreibt", wie ein altes Programm gepatcht wird, wäre mittelfristig (1-500 Jahre ab jetzt) möglich.

Kann natürlicher Umgang mit Sexualität die positiven und negativen Effekte der Entfremdung durch Kultur glätten oder sind Verbote und Machtergreifung über die Sexualität von Gläubigen ein besserer Weg, Missbrauch von Sexualität einzudämmen??? Ist die Diskursmacht, also die Macht über die Kommunikation über, vor, während und nach den/dem sexuellen Akt, dem "Liebe machen" oder "Ficken",... nicht nur eine Methode, den Geschlechtsverkehr 1. zu verlängern (durch Unterdrückung der Lust) 2. zu intensivieren (wenn man Verbote bricht 3. als Ausbeutungsmethode zu nutzen (etwaige Sünde, Laster sind schwer zu vermeiden und daher schafft man viele Sünder, die Buße tun müssen. $€X!!!)
4. ???

Innerhalb der "Welt" Krimineller, Anwälte, Polizisten, Holzfäller,... ist das, was sie tun richtig, sinnvoll, cool,... in jedem Fall eher positiv. Denn die Systeme sind zwar von außerhalb betrachtet meist auch negativ, doch innerhalb von Arbeitswelt, Religion,... ist es häufig "logisch",...

Die "Schuld" an Gewissensbissen suchen die unzufriedenen Privatpersonen oft bei den Opfern. Beziehungsweise projizieren sie ihren Selbsthass oft auf diese. Seltsames Konzept.

Wirklich "schlechte" Menschen sind rar.

Gebäude, Schönes aber Nutzloses = Imponiergehabe der Staaten.

Der Mensch lernt aus dem Schlechten Gutes zu machen. Tiere für Fleisch quälen und töten wird als falsch angesehen. Doch es ist schwer, das zu beenden, da Fleisch "lecker" ist. Folge: Künstliches Fleisch wird entwickelt.

Leute erlernen von dem natürlichen Verhalten abweichendes Verhalten. So beweisen sie sich die Kontrolle, die sie über sich haben. So geschieht aber auch viel Unsinn, doch auch neue Freiheiten.

Baut euch ein Weltbild und stresstestet es!!! Gehts kaputt, was solls, baut eins ohne diese Macken!!! Arbeit??? Erstmal ja!!!

Ernst, Verbote und Härte sind vielleicht in mancher Leute Augen Zeichen von Männlichkeit und Stärke. Doch logische Gefühle sind teils SINNvoller.
Klar, wenn die Leute Kritik verlieren, Auswege aus Religion, Glaube, Hoffnung,... vermauert werden, kann ein unrechtes System "funktionieren". Doch der "Druck" wird weiterbestehen und leider zu Krankheiten, Unzufriedenheit

und Krieg führen. Selbst, wenn selbst das Unterdrückt werden kann, ist eine Stabilisierung, ein Stillstand auf diese Weise nicht wünschenswert, zumindest nicht, wenn Vernunft, Verstand, Liebe, Glück,... etwas Wert sein sollten.

Kinder stellen schon die richtigen Fragen, zweifeln an Gott. Ich habe hier einige dieser Fragen beantwortet. Die DEMÜTIGUNG der Kinder durch die Erwachsenen MUSS AUFHÖREN, man kann zwar alle Fragen mit dem Begriff "Gott" beantworten, doch sind praktikablere, SINNvolle Antworten wohl besser. Glücklicherweise stehen jetzt schlüssige, einfache Antworten als Werkzeug gegen den Gott-Unsinn zur Verfügung.

Fragen können bisweilen mehr sagen, als Antworten.
Daher folgende Fragen:
- Arme Länder haben derzeit noch etwas zu bieten, Rohstoffe, billige ArbeiterInnen,... wieviel mehr haben sie, die jetzt schon arm sind, wenn die Rohstoffe weg sind?
- Wie mutig, nett, stark,... ist es, mit den Mächtigen zu sympathisieren (klar, man will Kinder großziehen, nicht auffallen, einfach nur arbeiten, keine Probleme,...)?
Wenn es darum gehen sollte, ob die Kinder des Menschen oder der tierischeren Tiere vorherrschen, wie würde Deine Wahl aussehen?!?
- Wie "schlecht" oder gar "böse" KANN der Mensch sein? Einerseits "SEHR", andererseits haben mich sehr viele, gar ALLE, die ich mit meinem Konzept vertraut gemacht habe anfangs als "Träumer", später als es Struktur bekam, als potentiellen "Märtyrer" vor den „Menschen" gewarnt. Doch was sagt ihr eigenes „Menschsein" zusammen mit dem Umstand der Warnung über die Wahrheit aus? Es gibt in der Tat Leute, die so gut wie keinen Gewinn aus der Umsetzung meines Konzeptes ziehen würden, doch das sind maximal ein Prozent der Bevölkerung. Die Gewinner des derzeitigen Modells. Und von denen hätte ein Teil nicht einmal Nachteile, ein Umstieg wäre für sie „neutral", ihre Situation würde sich qualitativ, wie quantitativ nicht wirklich ändern. Nur die Mächtigen und Reichen hätten mit Verlust an Macht und Reichtum zu rechnen, der sich spürbar in der empfundenen Lebensqualität niederschlagen würde. Wie sehr, kann ich nicht sagen. Von minimal bis gravierend ist alles möglich.
- Gibt es in Staaten, deren Bewohner sich zu einem (einzig wahren Gott) oder mehreren Göttern bekennen, beziehungsweise zu einer Erlöserfigur,... weniger Armut (also Hunger, schlechte Bildung,...), Gewalt (also Folter, harte Strafen, Kriminalität,...) und ähnliches?
- Warum, wenn der Mensch soooo(!) schlecht ist, bringen sich die frustrierten Arbeiter, die anderen Prostituierten,... nicht jederzeit an jeder Ecke gegenseitig um? Warum sind Wahnsinn und Verbrechen immer auch Ausdruck extremer NOTLAGEN? Warum sollte die Mauer der Ignoranz gegenüber dem <u>harmlosen</u> Anderen nicht stetig aber allmählich fallen?!?

- Was ist wahrscheinlicher, so aus dem Bauchgefühl heraus, ein menschengemachtes System „Glaube", mit Gott, Göttern, Gebeten, Opfern,... als Erziehungs- und Machtmittel? ODER ein oder mehrere Götter, die allmächtig sind, aber fehlerhaftes Leben schaffen, das sie dann prüfen und belohnen oder bestrafen? Vor allem, schaffen sie Fehlerhaftes, weil sie wollen, dass es frei zur Vernunft kommt, dabei hungert, Kriege führt, arbeitet, Steuern zahlt, opfert, betet, Unrecht duldet,... DENN ohne das Böse, das Gott nicht will, aber duldet, das er nicht beseitigt, nicht obsolet macht, ohne das der Mensch nicht so böse wäre, macht das ganze ja keinen Spaß!!! (Ironisch gemeint!) Also was für ein Feigling kann man sein??? Wen meint die vorangegangene Frage??? Ist es nicht klar, dass das Ganze nur den Mächtigen als Instrument dient, ohne das sie nicht mehr mächtig wären??? Ist es sooooo toll, den Mist auch noch kleinen Kindern zu erzählen, die dann noch mehr arbeiten, noch weniger Ahnung von alle dem haben, noch mehr Natur zerstören, hungern, einsamer sterben,...??? NOCH kann man etwas dagegen unternehmen, also?!? Also??? ALSO!!! Wenn Gott allmächtig wäre, wäre ALLES sein Wille und ALLES Leid umgehbar. Er könnte den Menschen frei UND glücklich UND rechtgläubig machen, nach dem Modell der Religionen, denn ALLMACHT heißt??? ALLES wäre möglich, auch die Realisierung aller Wünsche!!! Ja und wenn das Böse den Menschen verführt, ist doch das Böse, ob Teufel oder sonstwas UND diejenigen´, die das ändern könnten, Schuld am Mist. Wer denkt, Irgendwas oder Irgendwer,.. könne allmächtig UND allwissend sein, ABER irgendwas nicht mitkriegen oder ändern, hat da etwas nicht ganz kapiert... Warum erklärt das Modell der EVOLUTION die Fehlerhaftigkeit UND den Grund dafür, dass sich etwas ändert wesentlich besser??? Teuflisch verführerisch sind doch gerade die Religionen, der Reichtum, die Macht, die Religion und Banken und Staaten,... bieten. Doch das bekommen nur die Leutchen, die die Regeln aufstellen, interpretieren, durchblicken, andere ausnutzen,... EURE Priester, eure Börsianer, eure Stars, eure Politiker,... UND leider sind das auch meine. ABER diese Leutchen sind Menschen und man kann mal mit ihnen reden. Man sollte mal fragen, warum Volksvertreter anders leben sollen, als das Volk?!? Warum

Frauen unterdrückt werden (meist und immernoch)?!? Warum die einfach formbaren Kinder mit Lügen und Unlogik zu dummen, feigen, mehr und mehr blind gehorsamen und feindseligen Erwachsenen erzogen werden?!?
ein menschengemachtes System „Glaube", mit Gott, Göttern, Gebeten, Opfern,... als Erziehungs- und Machtmittel? ODER ein oder mehrere Götter, die allmächtig sind, aber fehlerhaftes Leben schaffen, das sie dann prüfen und belohnen oder bestrafen? Vor allem, schaffen sie Fehlerhaftes, weil sie wollen, dass es frei zur Vernunft kommt, dabei hungert, Kriege führt, arbeitet, Steuern zahlt, opfert, betet, Unrecht duldet,... DENN ohne das Böse, das Gott nicht will, aber duldet, das er nicht beseitigt, nicht obsolet macht, ohne das der Mensch nicht so böse wäre, macht das ganze ja keinen Spaß!!! (Ironisch gemeint!) Also was für ein Feigling kann man sein??? Wen meint die vorangegangene Frage??? Ist es nicht klar, dass das Ganze nur den Mächtigen als Instrument dient, ohne das sie nicht mehr mächtig wären??? Ist es sooooo toll, den Mist auch noch kleinen Kindern zu erzählen, die dann noch mehr arbeiten, noch weniger Ahnung von alle dem haben, noch mehr Natur zerstören, hungern, einsamer sterben,...??? NOCH kann man etwas dagegen unternehmen, also?!? Also??? ALSO!!! Wenn Gott allmächtig wäre, wäre ALLES sein Wille und ALLES Leid umgehbar. Er könnte den Menschen frei UND glücklich UND rechtgläubig machen, nach dem Modell der Religionen, denn ALLMACHT heißt??? ALLES wäre möglich, auch die Realisierung aller Wünsche!!! Ja und wenn das Böse den Menschen verführt, ist doch das Böse, ob Teufel oder sonstwas UND diejenigen´, die das ändern könnten, Schuld am Mist. Wer denkt, Irgendwas oder Irgendwer,.. könne allmächtig UND allwissend sein, ABER irgendwas nicht mitkriegen oder ändern, hat da etwas nicht ganz kapiert... Warum erklärt das Modell der EVOLUTION die Fehlerhaftigkeit UND den Grund dafür, dass sich etwas ändert wesentlich besser??? Teuflisch verführerisch sind doch gerade die Religionen, der Reichtum, die Macht, die Religion und Banken und Staaten,... bieten. Doch das bekommen nur die Leutchen, die die Regeln aufstellen, interpretieren, durchblicken, andere ausnutzen,... EURE Priester, eure Börsianer, eure Stars, eure Politiker,... UND leider sind das

auch meine. ABER diese Leutchen sind Menschen und man kann mal mit ihnen reden. Man sollte mal fragen, warum Volksvertreter anders leben sollen, als das Volk?!? Warum Frauen unterdrückt werden (meist und immernoch)?!? Warum die einfach formbaren Kinder mit Lügen und Unlogik zu dummen, feigen, mehr und mehr blind gehorsamen und feindseligen Erwachsenen erzogen werden?!?
 ein menschengemachtes System „Glaube", mit Gott, Göttern, Gebeten, Opfern,... als Erziehungs- und Machtmittel? ODER ein oder mehrere Götter, die allmächtig sind, aber fehlerhaftes Leben schaffen, das sie dann prüfen und belohnen oder bestrafen? Vor allem, schaffen sie Fehlerhaftes, weil sie wollen, dass es frei zur Vernunft kommt, dabei hungert, Kriege führt, arbeitet, Steuern zahlt, opfert, betet, Unrecht duldet,... DENN ohne das Böse, das Gott nicht will, aber duldet, das er nicht beseitigt, nicht obsolet macht, ohne das der Mensch nicht so böse wäre, macht das ganze ja keinen Spaß!!! (Ironisch gemeint!) Also was für ein Feigling kann man sein??? Wen meint die vorangegangene Frage??? Ist es nicht klar, dass das Ganze nur den Mächtigen als Instrument dient, ohne das sie nicht mehr mächtig wären??? Ist es sooooo toll, den Mist auch noch kleinen Kindern zu erzählen, die dann noch mehr arbeiten, noch weniger Ahnung von alle dem haben, noch mehr Natur zerstören, hungern, einsamer sterben,...??? NOCH kann man etwas dagegen unternehmen, also?!? Also??? ALSO!!! Wenn Gott allmächtig wäre, wäre ALLES sein Wille und ALLES Leid umgehbar. Er könnte den Menschen frei UND glücklich UND rechtgläubig machen, nach dem Modell der Religionen, denn ALLMACHT heißt??? ALLES wäre möglich, auch die Realisierung aller Wünsche!!! Ja und wenn das Böse den Menschen verführt, ist doch das Böse, ob Teufel oder sonstwas UND diejenigen´, die das ändern könnten, Schuld am Mist. Wer denkt, Irgendwas oder Irgendwer,.. könne allmächtig UND allwissend sein, ABER irgendwas nicht mitkriegen oder ändern, hat da etwas nicht ganz kapiert... Warum erklärt das Modell der EVOLUTION die Fehlerhaftigkeit UND den Grund dafür, dass sich etwas ändert wesentlich besser??? Teuflisch verführerisch sind doch gerade die Religionen, der Reichtum, die Macht, die Kulturglaube und Banken und Staaten,... bieten. Doch das

bekommen nur die Leutchen, die die Regeln aufstellen, interpretieren, durchblicken, andere ausnutzen,... EURE Priester, eure Börsianer, eure Stars, eure Politiker,... UND leider sind das auch meine. ABER diese Leutchen sind Menschen und man kann mal mit ihnen reden. Man sollte mal fragen, warum Volksvertreter anders leben sollen, als das Volk?!? Warum Frauen unterdrückt werden (meist und immernoch)?!? Warum die einfach formbaren Kinder mit Lügen und Unlogik zu dummen, feigen, mehr und mehr blind gehorsamen und feindseligen Erwachsenen erzogen werden?!?

Wie viele Kinder verhungerten, während „ICH" dieses Buch las, schrieb, verbrannte,...??? UND das geht vielleicht weiter..., weiter,... weiter,...

Mikrokosmos=Makrokosmos???
(mehr oder weniger genau und treffend)

Geist über Körper=Kultureller Weg, Tod als Werkzeug	Körper über Geist=Natürlicher Weg, Leben als Prinzip
Gesetze=Konditionierung	Intuition=Gefühle
Polizei=Lymphozyten	Verbrecher, Priester=Krankheiten, Parasiten
Verbraucher=Alle Zellen	Abfallbeseitigung=Leber, Nieren,...
Regierung=Gehirn	Syndikate=Krebs
Medien, Geld,...=Botenstoffe	Kollapps=Stresstest
Fortschritt=Evolutions-Druck	Stabilität=Ursprünglichkeit
Barbaren	Wilde
Logistik=Adern, Nerven, Lymphgefäße,...	Stau
Medien=Motivationsgeber, Inspirationsquellen	Leben=Energielenkende Information
Krieg=Aggression	Auslese=Todestrieb
Zucht	Auslese
Bekannte Logik, feste Regeln	Urvertrauen, Anpassung
Erfolg	Erfüllung
ABC-Waffen, Versuche, um Stress zu testen, und neue Umgangsformen zu lernen	Krankheiten und Behinderungen zum Lernen von Bewältigungsstrategien
Mixtur=erfüllender Erfolg	
Wirkliche Wahl=Bewußtheit	
Spiel zwischen Individuen und Masse	
Leere, die völlig reicht.	

> Quasi ALLES MACHT SINN, wenn man lernt. Alle Systeme, die der Mensch als solche erkennt, kann er miteinander vergleichen und Erkenntnisse aus einem teils auf ein anderes übertragen.

ALLES LIEBE, korrigiert meine Fehler, soweit vorhanden, bye! Sorry, dass ich Systeme wahrhaftig Richtung Crash bringe. Das geschieht als Belastungstest, denn die "Dinger" müssen stabil und GUT sein.

NOTIZEN:

Herstellung und Verlag:
BoD – Books on Demand, Norderstedt
ISBN 978-3-7386-2613-1